나도 이순신처럼 일기 쓸래요!

나도 이순신처럼 일기 쓸래요!

1쇄 인쇄 2021년 12월 10일
1쇄 발행 2021년 12월 20일

지은이 조민희
그린이 김주리
펴낸이 이학수
펴낸곳 키큰도토리
편 집 오세경
디자인 박정화

출판등록 제 2012-000219호
주소 경기도 고양시 일산동구 중앙로 1079, 426호
전화 070-4233-0552
팩스 0505-370-0552

* 책값은 뒤표지에 있습니다.
* 잘못된 책은 구입처에서 교환하여 드립니다.
* 이 책은 저작권자와 계약에 따라 발행한 것이므로 본사의 허락 없이는 어떠한 형태나 수단으로도 이 책의 내용을 이용하지 못합니다.

ⓒ 조민희 · 김주리, 2021
ISBN 978-89-98973-84-1 74800
     978-89-98973-83-4(세트)

어린이제품안전특별법에 의해 제품표시	
제조자명 키큰도토리	**전화번호** 070-4233-0552
제조국명 대한민국	**주소** 경기도 고양시 일산동구 중앙로 1079, 426호
사용연령 만 9세 이상 어린이 제품	

위인에게 배우는 글쓰기

나도 이순신처럼 일기 쓸래요!

조민희 글 | 김주리 그림

키큰도토리

작가의 말

어릴 때부터 하얀 종이를 보면 뭔가 끄적거리게 되었어요. 글씨든 그림이든 전화번호든 끄적끄적 낙서에 집중하다 보면 어느새 종이 모퉁이가 연필 자국으로 검게 채워지곤 했지요.

하지만 글을 써서 하얀 종이를 가득 채우는 일은 낙서와는 전혀 다른 문제였습니다. 어린 시절, 선생님께서는 칠판에 글짓기 주제를 대문짝만하게 써 주셨는데 그때마다 머리가 멍해졌어요.

'으악! 큰일 났다! 아무것도 안 떠오르는데, 무슨 내용으로 원고지 여섯 장을 채우지?'

원고지라고 해서 깜짝 놀랐나요? 제가 어렸던 시절에 글짓기 하면 원고지였고, 원고지 하면 보통 여섯 장 이상은 채워야 했거든요. 원고지 한 장에는 글자를 써넣어야 하는 칸이 무려 200개나 빼곡하게 늘어서 있었죠.

여러분! 어린 시절의 저는 글짓기라는 위기를 과연 잘 넘겼을까요? 결론부터 말하자면, 네, 전 위기를 잘 넘겼습니다. 자랑 같지만 교내 글짓기 상을 받은 적도 있고요.

하얀 종이를 앞에 두고 한숨을 내쉬던 제가 어떻게 글짓기를 즐기게 되었을까요? 글짓기가 위기가 아니라 즐거운 놀이로 변신하게 되는 데 결정적 역할을 한 게 바로 '일기 쓰기'였습니다.

지금부터 유명한 일기 중 하나인 〈난중일기〉의 도움을 받아 여러분도 일기 쓰기의 세계로 풍덩 뛰어들어 보세요. 글짓기의 참맛을 함께 느끼면 좋겠습니다.

차례

- 프롤로그 　　　　　　　　　　　　　　10

이순신을 만나다

- 용맹한 아이 　　　　　　　　　　　　16
- 무관이 된 이순신 　　　　　　　　　　20
- 강직한 장군 　　　　　　　　　　　　22
- 거북선 탄생 　　　　　　　　　　　　26
- 일기로 다잡는 마음 　　　　　　　　　30
- 마침내 터진 전쟁 　　　　　　　　　　34
- 물러설 수 없는 길 　　　　　　　　　　38
- 첫 전투 첫 승리 　　　　　　　　　　　43
- 승리를 이끄는 거북선 　　　　　　　　47
- 바다를 지키는 장군 　　　　　　　　　66
- 전쟁의 승리와 슬픔 　　　　　　　　　55
- 백의종군의 길 　　　　　　　　　　　66
- 배 열두 척 　　　　　　　　　　　　　70
- 마지막 전투 　　　　　　　　　　　　75

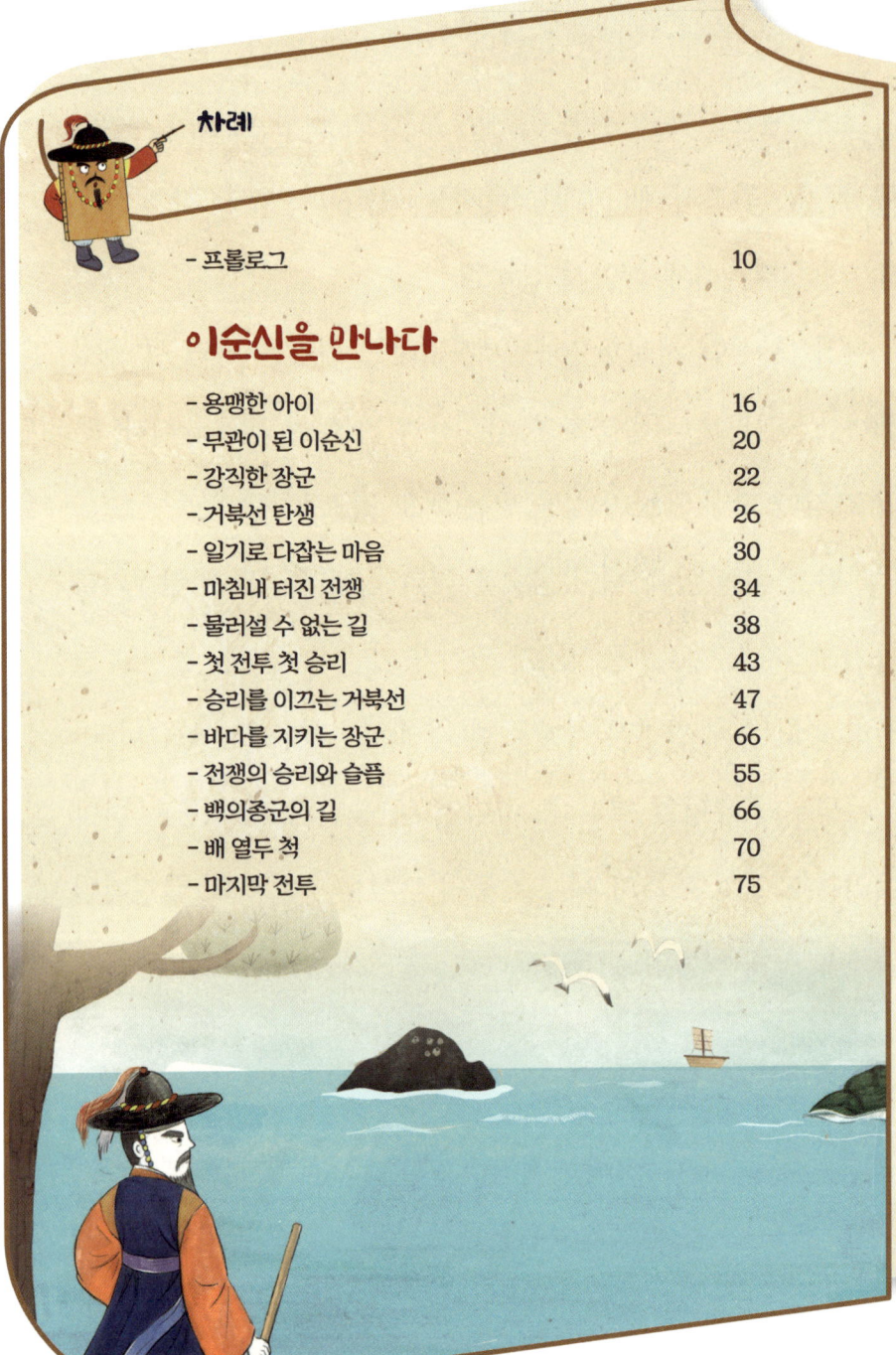

일기, 이렇게 써 봐

- 일기, 왜 써야 하지? 80
- 일기 쓰기, 좋은 점부터 찾아보자! 86
- 매일매일 써 볼까? 91
- 이것만은 써넣자 96
- 달라진 점을 찾아라! 101
- 마음을 들여다봐 106
- 형식은 네 마음대로! 112
- 중요한 일 딱 한 가지만! 116

일기, 일곱 가지 도전

- 일기의 시작은 내가 좋아하는 걸 떠올리는 거야 124
- 내가 싫어하는 것도 한번 써 봐야지 126
- 일기에 내 기분을 써 보자 128
- 친구 얼굴 떠올리면 쓸 거리가 생기지 130
- 집에서 새로운 일을 한 가지 하자 132
- 몰랐어? 동시도 일기가 될 수 있어 134
- 꼭 글로 써야 해? 만화도 일기가 된다고! 136

프롤로그

안녕? 네가 바로 일기를 쓰고 싶은데 좀처럼 쓰지 못해서 고민이 많다는 친구구나? 하하, 걱정하지 마. 내가 지금부터 일기 쓰기를 위한 여러 방법을 너에게 하나씩 알려 줄 거니까.

응? 뭐라고? 내 소개부터 하라고? 앗! 그러고 보니 아직 내 소개를 안 했구나. 미안, 미안.

흠흠, 내 이름은 〈난중일기〉야. 들어 본 적 있니? 처음 듣는다는 표정인데? 그렇다면 이순신 장군은 알고 있지? 우리나라 사람들이 존경하는 인물 중 한 분이니까 아마 너도 알고 있을 거야. 자, 이제 놀랄 준비하고 잘 들어 봐. 나는 말이야, 바로 이

순신 장군이 쓴 일기야. 어때? 깜짝 놀랐지?

지금으로부터 몇백 년 전 일본이 우리나라를 침략할 무렵, 이순신 장군은 일기를 쓰기 시작했는데, 그게 바로 나 〈난중일기〉야.

이순신 장군은 무려 7년 동안이나 일기를 썼어. 되도록 매일매일 성실하게 썼지. 그 일기가 몇백 년이 지나 오늘날까지 전해졌어. 나는 이순신 장군의 정성과 끈기 덕분에 지금까지 남아서 이렇게 일기 쓰기에 대해 말해 줄 수 있게 된 거야.

솔직히 사람들은 〈난중일기〉를 읽을 때 지루하다는 말을 종종 하곤 해. 나도 내가 읽기에 그다지 재미없다는 걸 알고 있어. 지루한 게 당연하지. 이순신 장군이 그날그날 쓴 평범한 일기일 뿐이니까. 어떤 날은 몸이 아팠고, 어떤 날은 늦잠을 잤다는 것처럼 단순한 기록들이 죽 이어져 있어.

그런데도 사람들은 나를 좋아해. 나를 읽을수록 이순신 장군의 인간적인 모습을 깨닫게 된다나. 이순신 장군이 화를 내거나 기뻐한 일, 걱정 등이 내 속에 빽빽하게 쓰여 있거든. 또 이순신 장군이 워낙 꼼꼼하게 일기를 썼기 때문에 〈난중일기〉는 중요한 역사 기록물로 인정도 받았대. 어쩌면 나처럼 앞으로 네가 쓰게 될 일기도 몇백 년 뒤에 중요한 역사적 자료가 될지도 몰라.

일기를 쓰는 데 어려움을 겪거나 좀 더 잘 쓰고 싶다면 이 책을 꼭 끝까지 꼼꼼하게 읽어야 해. 일기를 좀 더 쉽고 재미있게 쓸 수 있는 나만의 방법을 하나도 남김없이 모두 이 책에 써 놨으니까 말이야.

난 나를 만든 이순신 장군처럼 너도 일기 쓰기를 하루의 마지막 할 일이라고 여겼으면 좋겠어. 네가 자연스럽게 일기장을 펼쳐 단 한 줄이라도 쓸 수 있도록 도와줄게! 이제 첫 장을 넘길 준비가 되었니? 그럼, 이야기를 시작한다! 하나, 둘, 셋!

이순신을 만나다

일기 쓰기에 뛰어들기 전에 먼저 이순신 장군에 대해서 알아볼 거야. 이순신 장군이 누구인지, 이순신 장군이 <난중일기>를 언제부터 쓰게 되었는지 살펴봐야 해. 자, 지금부터 이순신 장군과 <난중일기> 속으로 들어가 볼까?

용맹한 아이

1545년 4월 28일. 이때는 내가 세상에 태어나기 무려 47년 전이야.

한양(지금의 서울)에서 사내아이가 태어났어. 이 아이가 바로 이순신 장군이야. 흠, 아직 장군이 되기 전이니까 우선 순신이라고 부를게.

순신은 또래 아이들보다 몸집도 크고 힘도 셌어. 활쏘기와 칼싸움도 잘했고. 개구쟁이였지만 정의감이 넘쳐서 친구들과 전쟁놀이를 하면 늘 대장을 맡았지.

순신은 글공부보다는 무예에 관심이 많았어. 순신이 살던 동네에는 훈련원(조선 시대에 병사들이 무예 연습을 하던 관청)이 있었어. 순신은 서당에서 글공부를 하다 말고 뛰쳐나가 훈련원 담 너머로 군사들이 훈련하는 모습을 훔쳐보고는 했지. 그래서 야단도 많이 맞았고 말이야. 그런 모습을 보면서 같은 동네에 사는 세 살 위인 형 유성룡은 웃음도 나고 걱정도 되었다고 해.

1556년, 순신네 가족은 한양을 떠나 외갓집이 있는 충청도 아산으로 이사를 갔어. 비록 훈련원은 없었지만, 순신은 그곳에서도 아이들 사이에 대장이 되어 용감한 장수처럼 지휘하며 놀았어.

"모두 나를 따라 앞으로 돌격하라!"

순신은 전쟁놀이를 할 때면 늘 진지해서 어른들조차 그곳을 피해 길을 돌아서 다녔다고 해. 특히 순신의 활쏘기 솜씨는 어른들도 혀를 내두를 정도였지.

어머니는 그런 순신이 걱정되었어. 무엇을 걱정했냐고? 마침 어머니가 순신을 불러 한 말씀 하시려나 보다. 잘 들어 봐.

"순신아, 앞으로 무관이 되려 하느냐?"

"예."

"그럼 무관이 되기 전에 글공부를 먼저 해야 하느니라. 글공부로 지식을 쌓아야 부하들도 너를 믿고 따르게 되느니라. 글공부도 하고, 틈틈이 활쏘기와 말타기 연습도 하거라."

무관은 군사 일을 보는 관리를 말해. 어머니는 순신에게 무관이 되려면 글공부도 중요하다고 알려 준 거야. 순신은 크게 깨닫고 그때부터 글공부도 열심히 했지.

순신은 서당에 다니며 어려운 책들을 공부하고, 시간이 생길 때마다 들로 산으로 말을 타고 나가 무예를 갈고닦았어.

어린 순신의 꿈은 오직

하나였어.

"난 어른이 되면 꼭 용맹한 무관이 되어 나라를 지킬 거야. 우리 조선을 넘보는 적들은 내 손으로 물리칠 거야!"

무관이 된 순신

순신은 무럭무럭 자라 어느덧 스무 살이 넘은 청년이 되었어.

'이제 무과 시험을 준비해야 해. 무과 시험에 합격해야 무관이 될 수 있으니까.'

순신은 그렇게 마음을 굳게 먹고 아버지에게 자신의 뜻을 말씀드렸어.

"쉽지 않은 길을 가려 하는구나. 이 나라는 무관을 하찮게 여기니 무관이 되면 차별을 많이 받을 것이다. 그렇더라도 언제나 네 뜻을 꺾지 않고 바른길을 가도록 해라."

아버지의 허락을 얻은 순신은 무과 시험 준비를 시작했어.

다른 사람들보다 늦은 나이에 시작했지만, 그만큼 누구보다 열심히 무예를 익히고 공부했지. 낮에는 활쏘기, 말타기 등을 익히고 밤에는 전쟁에 관련된 책을 읽느라 바빴어.

몇 년이 흘러 순신은 드디어 무과 시험을 치르게 되었어. 스물여덟 살이 되던 해였지. 활 좀 쏘고 말 좀 탄다 하는 사람들이 전국에서 모여들었어.

드디어 순신이 말을 타고 활을 쏘는 시험을 치를 때였어. 말이 갑자기 울부짖으며 몸부림을 쳤지. 그 바람에 순신은 말에서 떨어지고 말았어.

"악!"

순신은 다리가 부러진 채 이를 악물고 시험을 치렀지만, 시험에 떨어졌어.

하지만 순신은 포기하지 않았어. 열심히 노력해서 4년 뒤에 무과 시험에 당당히 합격했지. 특히 활쏘기에서 높은 점수를 받았어. 순신의 특기가 빛을 발한 순간이야.

이렇게 해서 순신은 함경도 지방을 지키는 장수가 되었어. 이때가 서른두 살이었지.

강직한 장군

　무관이 된 순신, 그러니까 이순신 장군은 함경도의 작은 성에 도착했어. 오랫동안 큰 전쟁이 없었던 탓인지 성곽은 여기저기 무너져 있었고, 군사들도 모두 게을렀어. 북쪽 지방에 사는 여진족이 백성들을 괴롭히고 있었지만, 아무 대책이 없을 정도였지.
　'군사들이 이 모양이니, 나라 앞날이 어찌될 것인가!'
　이순신 장군은 마음이 무거웠어.
　"어서 무너진 성곽을 수리하라! 오늘부터 병사들 훈련은 내가 직접 감독하겠다."

그러자 금세 군사들의 태도가 달라졌어. 주위에서는 이순신 장군을 칭찬하는 소리가 들려오기 시작했지.

몇 년 뒤, 이순신 장군은 한양으로 가게 되었어. 그곳에서 무과 시험과 관리들의 승진에 관한 일을 맡게 되었지.

'실력 있는 무관을 알아보려면 정신 똑바로 차려야겠어.'

이순신 장군은 원칙을 철저히 지키려 노력했어.

한편, 한양 관리들은 서로 편을 갈라 다투기만 하고 백성의 생활은 신경 쓰지 않았어. 그러면서 자기편 사람을 조금이라도 더 높은 직책으로 올리려고 안달했지.

한번은 직책이 높은 관리가 이순신 장군을 찾아와 자기와 친한 사람의 이름을 댔어.

"그 사람의 벼슬을 올려 주게."

"네? 그렇게 되면 좀 더 실력 있는 다른 사람의 벼슬을 올려 줄 수 없게 됩니다. 그것은 안 될 말씀입니다."

"뭣이! 내 부탁을 못 들어주겠다는 말인가!"

높은 관리는 이를 부득부득 갈았어.

주위 사람들은 걱정하며 이순신 장군에게 말했지.

"높은 관리의 뜻을 거스르다니, 어쩌자고 그랬나?"

하지만 이순신 장군은 뜻을 꺾지 않았어. 그러니 이순신 장군이 어떻게 되었을지 짐작할 수 있겠지? 이순신 장군은 출세는커녕 지방으로 쫓겨나게 되었어.

이순신 장군은 지방에서도 성실하게 일했고, 곧 능력을 인정받아 전라도로 가서 바다를 지키게 되었지. 이곳에서도 이순신 장군은 누구에게도 허리를 굽히지 않고 대나무처럼 강직하게 일을 처리했어. 아무리 높은 관리가 부탁해도 옳지 않으면 절

대로 들어주지 않았지. 그러다 보니 이순신 장군을 싫어하는 관리들이 점점 늘어났고, 조정에서는 이순신 장군을 험담하는 소리가 자주 들려왔어.

하지만 무인들 사이에서는 이순신 장군을 인정하는 소리가 점점 높아졌어.

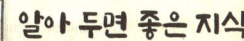

알아 두면 좋은 지식

이순신이 무과 시험에 합격했을 무렵, 조선 북쪽에는 여진족이 있었다. 조선은 남쪽에 나타나는 왜구(13세기부터 16세기까지 우리나라 연안을 무대로 약탈을 일삼던 일본 해적)를 신경 쓰느라 북쪽 국경에는 병력을 얼마 남겨 놓지 않았다. 여진족은 조선 북쪽 국경이 허술하다는 것을 알고 자주 약탈을 일삼았다.

다가오는 전쟁

　이순신 장군이 마흔다섯 살이 되었을 무렵, 바다 건너 일본에서 전쟁을 준비한다는 무서운 소문이 들려오기 시작했어.
　"도요토미 히데요시가 일본을 통일했대. 이제 조선까지 쳐들어오려고 준비하고 있다더군."
　"큰일이야. 일본은 포르투갈 상인에게서 조총까지 들여왔다던데……. 조총은 활이랑 비교할 수 없을 정도로 강한 무기라면서?"
　얼마 지나지 않아 또 다른 소문이 들려왔어. 일본이 명나라를 치기 위해 조선의 길을 쓰려 한다는 거야.

조선 임금인 선조는 서둘러 관리들을 일본에 보냈어. 일본의 속셈을 알아내려 한 거지. 그런데 일본에 다녀온 관리들은 저마다 다른 말을 했어.

"도요토미 히데요시는 위험한 자입니다. 전쟁 준비에 힘을 써야 합니다."

"아닙니다. 일본은 조선을 침략할 힘이 없습니다. 걱정 안 하셔도 될 듯하옵니다."

선조는 고개를 젓고 이렇게 말했어.

"비록 전쟁이 일어나지 않더라도 지금 상황이 위험하니 우선 바다를 지키도록 준비시켜야겠소. 전라도 앞바다를 지킬 장수는 누가 좋겠소?"

"이순신이 알맞다고 생각되옵니다."

유성룡이 이순신 장군을 추천했지.

1591년, 이순신 장군은 전라도 수군을 다스리는 전라좌도 수군절도사가 되었어. 그런데 막상 전쟁 준비를 하려고 보니 상황은 훨씬 심각했어.

"지금 전쟁이 터지게 생겼는데, 무기는 녹이 슬었고, 배는 썩

었구나."

 이순신 장군은 탄식하며 군사들을 둘러보았어. 그랬더니 또 한숨이 저절로 나왔어. 군사들도 훈련이 되어 있지 않았기 때문이야.

 "왜적(적으로서의 일본이나 일본인)과의 전쟁이 코앞인데, 이리도 준비가 부족해서야 어찌한단 말인가! 이렇게 해서 어떻게 중요한 전쟁을 맞겠는가!"

 이순신 장군이 크게 호통쳤지만, 부하 장수들도 군사들도 아무도 이순신 장군을 마음으로부터 따르지 않았어. 부하 장수들이 볼 때 이순신 장군은 많은 군사를 다스려 본 적도 없는, 그래서 실력을 알 수 없는 장군일 뿐이었어.

 '단지 호령만 해서 어찌 부하들의 마음을 얻을 것이며, 저들이 나를 따르게 하겠는가.'

 이순신 장군은 마음을 굳게 먹고 군사들을 바로 세우기 위해 노력했어. 조선에서 가장 강한 수군(조선 시대에 바다에서 국방과 치안을 맡아보던 군대)을 만들고자 했지. 이순신 장군은 늘 자신의 생각을 굽히지 않았지만, 부하 장수들의 의견도 주의

깊게 들었어. 그러자 부하 장수들도, 군사들도 점점 이순신 장군에게 마음을 열었어. 드디어 모두가 한마음으로 일본군의 침략에 맞설 준비를 하게 된 거야.

거북선의 탄생

　이순신 장군은 작은 무기 하나까지 꼼꼼히 살폈어. 배를 살피고 새로운 무기도 개발했지. 또 직접 배를 타고 바다를 둘러보기도 했어. 섬의 생김새나 개수, 물살의 세기와 방향은 전쟁에 매우 중요한 자료가 되니까. 더구나 전라도 앞바다는 이순신 장군에게는 낯선 바다였어. 그런 바다를 손바닥 보듯이 훤하게 알기 위해서는 오랜 시간이 걸렸지.

　이제 이순신 장군은 전라도 앞바다를 잘 알게 되었어. 군사들의 훈련 상태도 좋아졌고, 낡은 무기나 배도 전부 손볼 수 있었지.

그런데 문제가 또 있었어. 일본 수군은 자신의 배를 상대편 배에 가까이 대서 조총을 쏘거나 배로 뛰어들어 칼로 싸우는데, 일본 배가 조선의 배보다 날랬거든.

'아, 이렇게 속도가 빠른 배가 접근해 싸운다면 우리 수군의 피해가 클 것이다. 이를 어쩌면 좋단 말인가.'

이순신 장군은 깊이 고민했어. 그러다 새로운 배를 만들어 일본군을 물리치면 어떨까 생각하기에 이르렀지. 이순신 장군이 거느린 무관 중에 나대용이라는 사람이 있었는데, 전투선 건조에 일가견이 있었어. 이순신 장군은 나대용과 새로운 배를 설계하기 시작했어.

"조총으로부터 우리 군사들을 보호하고 적들이 우리 배에 올라탈 수 없게 할 방법이 없는가?"

이순신 장군은 나대용과 머리를 맞대고 배의 모양을 그려 나갔어. 지붕에 철로 된 못을 박아 뾰족뾰족하게 만들고, 사방으로 대포를 달면 좋을 것 같았어.

뚝딱뚝딱. 사람들은 설계도대로 열심히 새로운 배를 만들었어. 바로 거북선이 완성되는 순간이야.

일기로 다잡는 마음

　전쟁의 기운이 점점 다가오던 무렵, 이순신 장군은 꾀부리지 않고 하루하루를 바쁘게 보냈어. 전쟁이란 것은 부지런하게 준비를 해 놓을수록 이길 가능성이 조금이라도 높아진다는 것을 이순신 장군은 잘 알고 있었거든.

　그러던 1592년 1월 1일 어두운 밤, 이순신 장군은 붓을 꺼내 들고 일기를 쓰기 시작했어. 이 일기가 무엇인지 눈치챘니? 그래, 바로 나 〈난중일기〉가 이때 탄생한 거야.

　그럼 이순신 장군이 일기의 첫 장에 무엇을 썼는지 한번 살펴볼까?

1592년(임진년) 1월 1일 맑음
새벽에 아우 여필과 조카 봉, 아들 회가 와서 함께 이야기를 나누었다. 집을 떠나 남도에서 설을 두 번이나 보내니, 더욱 어머님이 그립다.

이순신 장군은 그날그날 최선을 다해서 전쟁 준비를 했고, 잠자리에 들기 전에 늘 나를 펼쳐 일상생활을 성실하게 기록했어. 이순신 장군이 세상을 떠난 지 몇백 년이 흘렀지? 그런 오랜 세월이 지난 뒤에도 사람들이 이순신 장군이 어떤 마음으로 전쟁을 준비했고, 얼마나 부지런히 움직였는지 알 수 있는 이유가 바로 나, 〈난중일기〉를 꾸준히 썼기 때문이지.

이순신 장군은 이때부터 7년 동안 매일매일 일기를 썼어. 가족이 그리울 때, 몸이 아플 때, 군사들이 훈련을 느슨하게 해서 화가 날 때 등등 내 속에는 이순신 장군이 쓴 그날그날의 기록으로 가득 차 있어.

나를 살짝 들춰서 이순신 장군이 전쟁을 준비하면서 어떤 일들을 했는지 한번 살펴볼래?

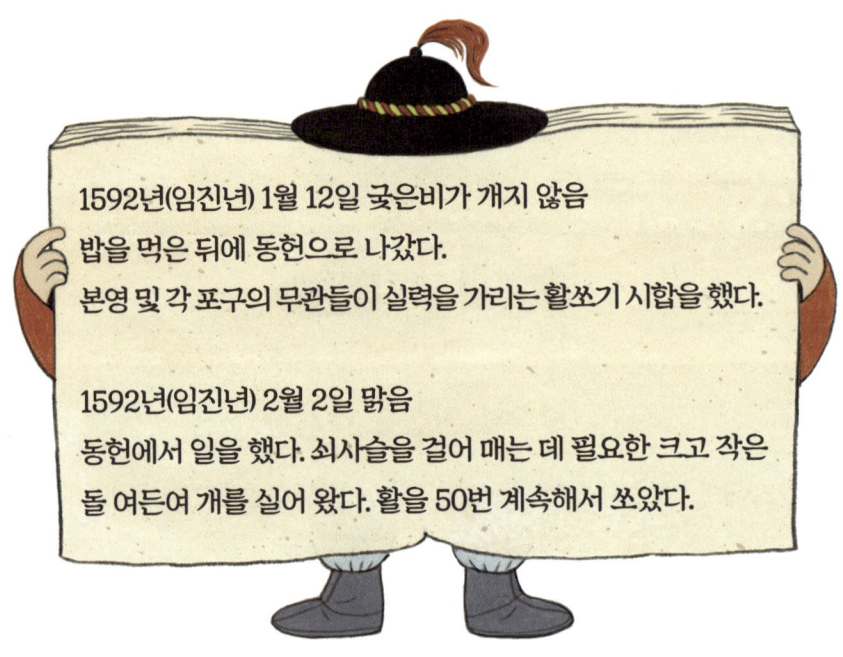

1592년(임진년) 1월 12일 굳은비가 개지 않음
밥을 먹은 뒤에 동헌으로 나갔다.
본영 및 각 포구의 무관들이 실력을 가리는 활쏘기 시합을 했다.

1592년(임진년) 2월 2일 맑음
동헌에서 일을 했다. 쇠사슬을 걸어 매는 데 필요한 크고 작은 돌 여든여 개를 실어 왔다. 활을 50번 계속해서 쏘았다.

활을 50번이나 쏘았다니 대단하지? 이순신 장군은 무관들뿐만 아니라 자신의 무예를 갈고닦는 데도 힘을 쏟았어. 비가 오나 해가 뜨나 늘 엄한 태도로 훈련에 임했지.

부하들이 얼마나 열심히 일하고 있는지도 기록했고, 허술하게 일하여 벌준 일들도 기록했어.

이렇게 이순신 장군이 전쟁 준비를 하며 하루하루를 부지런히 보내는 동안, 조선을 뒤흔들 전쟁의 먹구름은 점점 더 조선 앞바다로 다가오고 있었어.

알아 두면 좋은 지식

'난리 중에 쓴 일기'라는 뜻의 '난중일기'는 사실 이순신이 지은 이름이 아니다. 이순신은 임진일기, 정유일기 등 일기 겉장에 일기를 쓴 그해의 이름을 제목처럼 써놓았다. 뒷날 정조가 이순신이 남긴 글을 모아 《이충무공전서》라는 책을 펴냈는데, 이때 이순신이 쓴 일기에 '난중일기'라는 이름을 붙였다.

마침내 터진 전쟁

    같은 해인 1592년 4월 13일, 결국 전쟁이 터지고 말았어. 일본군이 배 수백 척을 끌고 부산 앞바다로 몰려온 거야.

    부산 앞바다를 지키던 조선 군사들은 생김새가 낯선 배들이 바다 위를 까맣게 뒤덮은 채 서서히 다가오는 것을 발견했어.

배에 탄 일본군의 수는 무려 1만 9000명! 부산 앞바다를 지키던 조선 군대는 놀라움과 공포로 난리가 났지.

"전투 준비를 하라! 화포를 가져와라!"

조선 무신 정발이 부하들에게 큰 소리로 명령했고, 조선군은 목숨을 내놓을 각오로 일본군에 맞설 준비를 했어.

다음 날 새벽, 엄청난 수로 무장한 일본군이 부산 해안가로 올라왔어. 수많은 일본군이 정발이 지키는 부산진성으로 득달같이 몰려와 공격을 시작했지. 무신 정발과 조선군이 온힘을 다해서 막아 보려 했지만 일본군을 당해 내지 못하고 마른 낙엽처럼 우수수 목숨을 잃고 말았어.

조선군의 수도 적지는 않았는데, 왜 그렇게 힘없이 일본군에게 무너졌을까? 그건 바로 무기 때문이야. 활과 칼로 맞서고 포를 쏘는 것이 다였던 조선군에 비해 일본군은 강력한 조총을 사용했기 때문에 공격력이 엄청나게 강했어.

이렇게 조총으로 무장한 일본군은 단숨에 부산을 무너뜨렸고, 순식간에 한양까지 공격했어. 선조는 일본군을 피해 피란길에 올랐지.

이 전쟁이 바로 임진왜란이야. 내 속에는 임진왜란 중에 벌어진 일이 가득히 적혀 있어.

1592년(임진년) 4월 15일 맑음
(……) 해 질 무렵, 경상 우수사 원균이 "왜적이 탄 배 90여 척이 와서 부산 앞바다 절영도에 닿았다."라고 쓴 글을 보내왔다. 이와 동시에 경상 좌수사 박홍도 "왜적이 탄 배 350여 척이 이미 부산포 건너편에 도착했다."라고 글을 써서 보내왔다. 그래서 즉시 임금께 보고하는 문서를 올리고, 동시에 순찰사, 병사, 우수사에게도 글을 써서 보냈다. 경상 관찰사가 쓴 글도 왔는데, 역시 같은 내용이다.

임진왜란이 터졌다는 소식은 전쟁이 터지고 이틀이 지난 뒤에야 이순신 장군에게 전해졌어. 부산을 지키던 여러 장수가 이순신 장군에게 왜군이 쳐들어왔다는 편지를 보내온 거야. 이순신 장군은 이때부터 밤마다 일기에 전해 들은 전쟁 소식을 자세히 쓰기 시작해.

이순신 장군은 초조한 마음으로 다음 소식을 기다렸어. 다음 날인 4월 16일, 늦은 밤이 되어서야 경상 우수사 원균이 다시 보낸 글이 도착했지. 급한 마음으로 겉봉을 뜯어 글을 읽는 이순신 장군의 손이 분노로 덜덜 떨렸어.

1592년(임진년) 4월 16일
밤 열 시쯤에 경상 우수사가 보낸 글이 도착했다. "부산진이 이미 함락되었다."라고 한다.
분하고 원통함을 이길 수가 없다. 즉시 임금께 보고할 문서를 올리고, 또 삼도에도 글을 보냈다.

'아, 부산 앞바다가 불바다가 되었고, 가여운 군사들이 목숨을 잃었구나. 분하고도 분하다!'

그날 밤에도 이순신 장군은 붓을 쥐고 원통함을 담아 한 자 한 자 일기를 써 내려갔어.

알아 두면 좋은 지식

"군대에서 쓸 만한 무기 중에서 조총보다 더 좋은 것은 없다. 어린 아이도 조총만 있으면 천하장사도 이길 수 있다."

이 말은 조선의 한 관리가 임진왜란이 끝난 뒤에야 조총의 위력을 깨닫고 남겼다는 말이다. 조총은 유럽에서 만들어져 중국과 일본에 전해졌다. 섬나라인 일본은 자기들끼리 싸움이 잦았는데, 이때 조총의 위력을 확실히 알게 되었다. 임진왜란이 일어나기 전인 1589년, 일본에 사신으로 갔던 황윤길이 조총을 몇 자루 얻어 왔지만, 조정에서는 그 성능이 얼마나 대단한지 깨닫지 못해서 주의를 기울이지 않았다고 한다.

물러설 수 없는 길

1592년(임진년) 4월 17일 비 오다가 갬
경상 우병사에게서 연락이 왔다. "왜적이 부산을 함락시킨 뒤에 그대로 머물면서 물러가지 않는다."라고 한다.
저녁에 활 25번을 쏘았다. (……)

1592년(임진년) 4월 18일 흐림
(……) 낮 두 시쯤에 경남 우수사에게서 연락이 왔다. "부산 동래도 함락되고, 양산과 울산의 두 군수도 성을 지키는 데 실패했다."라고 한다.
이건 정말로 분통해서 말을 할 수가 없다. 경상 좌병사와 좌수사가 군사를 이끌고 동래 뒤쪽까지 이르렀다가 어쩔 수 없이 군사를 돌렸다고 하니 더욱 가슴 아프다. (……)

이순신 장군에게 날아오는 소식은 하나같이 끔찍하고 비통한 것뿐이었어. 부산을 함락한 왜적이 그곳에 머물고 있다는 소식, 기세가 오른 왜적의 창칼에 경상도 곳곳이 쑥대밭이 되었다는 소식이었으니까.

'이제 때가 되었다. 더 이상 조선 땅이 왜적에게 짓밟히게 둘 수 없다!'

이순신 장군은 장수들을 모아서 뜻을 말했어. 더 이상 기다리지 말고 전투에 나서자고 했지. 그러자 다른 장수들도 힘을 모아 싸우자고 맹세했어. 이런 이순신 장군의 마음은 일기에도 드러나 있어.

1592년(임진년) 5월 2일 맑음
(……) 정오 때 배를 타고 바다로 나가 진을 치고 여러 장수들과 목숨을 바쳐 싸우자고 다짐했다. 그러자 모두 기꺼이 나가 싸울 뜻을 보였으나 낙안 군수만은 피하려는 것 같았다. (……)

이순신 장군이 전쟁에 나설 결심을 하고 첫 아침이 밝았어.

'모든 군사와 무관들은 정신을 똑바로 차리고 엄한 규율에 따라 움직여야 한다. 한 가지 작은 실수가 백 가지 큰 실패를 불러오는 것이다.'

평소 군사들을 자식처럼, 친구처럼 아끼던 이순신 장군은 굳은 각오로 군사들을 엄하게 대하기로 결심했어.

하지만 군사들의 생각은 조금 달랐어. 왜적이 어마어마한 규모로 부산에 쳐들어와서 금세 함락했고, 조선 군사들은 별다른 저항을 하지도 못하고 모조리 패배했다는 사실을 다들 들어서 알고 있었던 거지. 자칫하면 목숨을 잃을지도 모른다는 공포로 군사들은 어찌할 바를 몰랐어. 그러다 보니 첫날부터 군대에서 달아나는 군사도 나타났어. 황옥천이라는 군사가 겁에 질려 몰래 집으로 돌아간 거야.

그 사실을 알게 된 이순신 장군은 호랑이 같은 눈빛을 하고 호령했어.

"이유가 무엇이든 나라를 지키는 순간에 등을 보이고 달아나는 자는 용서할 수 없다. 같은 일이 또 일어나지 않도록 그자를

잡아들여 목을 베어 모두에게 보여라!"

서릿발 같은 이순신 장군의 명령을 감히 누가 어길 수 있었겠어? 군사들은 황옥천의 집으로 우르르 몰려가 떨고 있던 황옥천을 끌어냈지. 황옥천은 결국 목숨을 잃었고, 그 모습을 본 군사들은 달아나고 싶은 마음이 싹 사라졌어.

부하를 아끼는 이순신 장군은 마음의 고통을 이겨 내려 애쓰며 다시 한번 결심했지.

'이 전쟁은 한 번 나아가면 뒤로 물러설 수 없는 싸움이다. 이렇게 해서라도 장수들과 군사들 모두가 물러설 수 없는 길로 들어섰다는 것을 깨달아야 한다.'

첫 전투 첫 승리

1592년 5월 4일. 이순신 장군은 전라도의 수군을 모아서 경상도 앞바다로 향했어. 널빤지로 지붕을 덮어 2층 구조로 된 전투선인 판옥선 24척과 어선 60여 척이 다였지만 이순신 장군의 기세만큼은 전투선 100척을 지휘하는 장군 못지않았지.

이순신 장군이 이끄는 배들이 옥포 앞바다까지 왔을 때, 일본군을 실은 배 50여 척이 보였어. 군사들은 두려움에 몸을 덜덜 떨었어. 어쩌면 당연한 일이야. 훈련을 아무리 열심히 했어도 실제 전투 경험은 없었으니까.

"두려워하지 마라! 나라를 위해 싸우는 길이다. 오직 전진만 있을 뿐이다!"

이순신 장군은 북을 두드리게 했어. 힘찬 북소리가 들려오자 군사들의 마음속에 걱정은 물러가고 용기가 점점 커지는 것 같았지. 조선군을 태운 배들이 순식간에 적들을 빙 둘러쌌어.

"배를 적에게 가까이 대지 마라! 적당히 떨어져서 포를 쏘아라! 그것이 우리가 승리할 길이다!"

첫 전투에서 승리할 방법을 내내 고민했던 이순신 장군이 내린 첫 명령이었어. 일본군이 빠른 속도로 배를 가까이 대서 총과 칼로 싸우는 것을 잘했다면 조선군은 적당한 거리를 두고 활과 화포를 쏘는 것에 능했지. 이순신 장군은 일본군에게 공격할 기회를 주지 않고 조선군의 장점을 살려 싸우고자 했던 거야.

이순신 장군의 계획대로 조선 수군들은 짧은 시간 안에 수많은 화포를 쏘아 댔어. 일본군은 깜짝 놀라 우왕좌왕했지.

"지금이다! 있는 힘을 다해 싸워라!"

이순신이 다시 한번 크게 외치자, 조선 군사들은 더욱 기세가 올라 일본군을 공격했지. 일본군의 배가 하나둘씩 부서지기 시작하더니 어느새 26척이나 바다 밑으로 가라앉아 버렸어. 일본군들은 화살에 맞아 죽거나 바다에 뛰어들었고.

　이 전투가 이순신 장군이 임진왜란에 뛰어들어 거둔 첫 승리이자, 조선이 일본과 바다에서 벌인 싸움에서 얻은 첫 승리야. 이순신 장군은 조선 군사를 한 명도 잃지 않고 전투를 승리로 이끌었지. 이 일을 너희들은 '옥포 해전'이라고 부르더라.

　사실 나는 옥포 해전에 대해 잘 몰라. 왜냐하면 이순신 장군이 5월 5일부터 5월 28일까지 쓴 일기가 사라졌기 때문이야. 그런데 어떻게 옥포 해전이 몇백 년이 지나서까지 알려진 걸까? 그건 바로 이순신 장군이 옥포 해전을 치른 뒤 전투에 대

해 자세히 기록한 보고서를 임금께 올렸기 때문이지.

　이순신 장군이 이끄는 조선 수군은 옥포 해전 뒤에 작은 전투를 두 번이나 더 치르면서 일본군의 배를 5척이나 더 물속으로 가라앉혔어.

알아 두면 좋은 지식

우리나라는 고려 때부터 중국에서 수입한 화약을 사용했다. 그러던 중 고려 말기에 최무선이 화약 제조법을 연구해서 강력한 화약 무기를 만들었는데, 대표적인 무기가 바로 화포이다. 화포는 총통이라고도 불렸는데, 안쪽에 화약을 넣고 종이를 꼬아 만든 실로 연결해서 포탄을 발사하는 무기였다. 화포는 멀리 있는 적을 공격하는 것이 가능할 뿐만 아니라 한 번에 많은 적군의 목숨을 빼앗을 수 있는 강력한 무기였다. 이 화포는 임진왜란에서 조선 수군이 바다에서 적군과 싸움을 벌일 때 중요한 무기로 쓰였다.

승리를 이끄는 거북선

옥포 해전에서 승리를 거두면서 조선 군대는 큰 용기를 얻었어. 그때까지 조선은 바다뿐만 아니라 육지에서 벌어지는 대부분의 전투에서 일본군에게 처참한 패배만 거듭했으니까. 강력한 무기와 엄청난 수를 앞세운 일본군을 이길 수 있다는 희망이 조선 곳곳에서 타올랐어.

반대로 혼쭐이 난 일본군은 크게 놀랐어. 거침없이 조선 땅을 정복하고 곧바로 중국까지 밀어붙일 수 있다고 자신했던 계획이 흔들리게 됐으니 말이야.

이순신 장군은 재빨리 다음 전투를 시작했어. 이번에는 사천 앞바다로 조선 수군을 이끌고 간 거지. 일본군은 조선 군사들을 실은 배들 사이에서 이상하게 생긴 배를 발견하고는 소스라치게 놀랐어.

"저건 뭐야! 등에 가시가 난 거북이 같은 저 배 말이야!"

그래, 바로 거북선이 처음으로 전투에 뛰어든 거야. 거북선이 화포를 펑펑 쏘며 일본 배를 향해 나아갔어. 군사들은 힘차게 소리를 질렀지.

거북선의 모습을 본 일본군은 깜짝 놀랐어. 바다에서 나타난 괴물이 아닐까 싶어서 눈을 비비기 바빴지. 겁에 질린 일본군은 당황해서 뒤로 물러났어.

"놓치지 마라! 화포를 쏘아라!"

이순신 장군의 명령에 따라 조선 수군은 용감하게 공격했어. 그 바람에 일본군은 배 수십 척을 잃고 꽁지 빠지게 도망쳐 버렸지. 이때 목숨을 잃거나 다친 일본군이 2600여 명이나 되었다고 해.

이로써 조선은 임진왜란에서 두 번째로 큰 승리를 거뒀어.

1592년 5월 29일 늦은 밤, 다들 승리의 기쁨에 취해 있는 시간에 이순신 장군은 방 안에서 희미한 불빛에 의지해 붓을 들었어.

1592년(임진년) 5월 29일 맑음

홀로 여러 장수들을 거느리고 새벽에 배를 출발시켜 곧장 노량까지 이르니, 경상 우수사인 원균이 미리 약속한 곳에 와 있었다. 원균에게 왜적이 머물러 있는 곳을 물으니, "왜적들은 지금 사천 선창에 있다."라고 한다.

바로 거기로 가 보았더니 왜적들은 벌써 뭍으로 올라가서 산 위에 진을 쳤고, 배는 그 산 아래에 줄지어 매어 놓았다. 전투에 임하는 기세가 만만치 않아 보였다.

나는 장수들을 격려하여 일제히 달려들며 화살을 비 퍼붓듯이 쏘고, 각종 총포들을 우레같이 쏘아 댔다. 이에 적들이 무서워서 물러났는데, 화살을 맞은 왜적이 헤아릴 수 없을 만큼 많았고 왜적의 머리도 많이 베었다.

이 싸움에서 군관 나대용이 탄환에 맞았고, 나도 왼쪽 어깨 위에 탄환을 맞아 등을 관통하였으나 중상은 아니었다.

활 쏘는 군사와 노 젓는 군사 중에서 탄환을 맞은 사람이 또한 많았다. 왜적의 배 13척을 불태워 버리고 물러나 머물렀다.

'전투에서 한두 번 승리했다고 전쟁이 끝나는 것은 아니다. 아마 이것이 긴 전쟁의 시작이겠지. 이럴 때일수록 마음을 다 잡고 내가 해 온 일을 기록하고, 앞으로의 일을 계획해야 한다.'

고요한 방 안에는 먹물을 묻힌 붓이 종이 위를 지나가는 소리만 울려 퍼졌어.

바다를 지키는 장군

사천 해전을 끝낸 뒤에도 이순신 장군은 경상도 앞바다에서 전투를 몇 번이나 더 치렀어. 이순신 장군과 조선 수군은 가는 곳마다 일본군을 물리쳤어. 거북선도 용맹하게 화포를 쏘며 일본 배들을 침몰시켰지. 일본군이 아무리 조총을 쏴도 거북선은 끄떡없었어. 오히려 거북선에 들이받힌 일본 배들이 산산이 부서졌지.

이순신 장군의 계속된 승리에 겁을 먹는 일본군도 생기기 시작했어. 한번은 일본군이 배를 타고 바다로 나오다가 조선 수군을 보고 도망치기도 했지.

1592년(임진년) 6월 2일 맑음

아침에 떠나 곧장 당포에 이르니, 왜적의 배 20여 척이 줄지어 머물러 있었다. 둘러싸고 싸우는데, 적선 중에 큰 배 한 척은 우리나라 판옥선만 하다. (……) 위에는 왜장이 떡 버티고 우뚝 앉아 끄떡도 안 했다.

화살과 포를 비 오듯 마구 쏘아 대니, 적장이 화살을 맞고 떨어졌다. 그러자 왜적들은 한꺼번에 놀라 흩어졌다. 여러 장졸이 일제히 모여들어 쏘아 대니, 화살에 맞아 거꾸러지는 자가 얼마인지 헤아릴 수도 없다. 모조리 무찔러 한 놈도 남겨 두지 않았다. 얼마 뒤에 왜적의 큰 배 20여 척이 부산에서 나오다가 우리 군사들을 바라보고서는 뺑소니치며 들어가 버렸다.

1592년(임진년) 6월 5일

아침에 배를 출발시켜 당항포에 이르니, 왜적의 배 한 척이 판옥선과 같이 컸다. (……) 그 위에 적장이 앉아서 크고 작은 배 32척을 거느렸다.

한꺼번에 쳐서 깨뜨리니, 화살을 맞은 자가 셀 수 없을 정도요, 왜장의 머리도 일곱이나 베었다. 나머지 왜적들은 재빨리 뭍으로 올라가 달아났지만 그 수가 얼마 되지 않았다. 우리 군사의 기세를 크게 떨쳤다.

상황이 이러니 도요토미 히데요시는 화가 머리 꼭대기까지 치밀었어. 육지에서 치르는 전쟁에서는 모두 이기는데, 바다에서 치르는 전쟁에서는 계속 지고 있었으니까.

"육군은 벌써 평양까지 함락했는데, 수군은 어찌된 게 번번이 지고 있는가! 이순신이 대체 얼마나 대단한 인물이기에 꺾지를 못한단 말이냐!"

도요토미 히데요시는 무슨 수를 써서든 이순신이 지키는 바다를 빼앗으리라 다짐했어. 일본군과 배들이 이순신 장군이 지키는 거제도 앞바다로 모여들었지.

하지만 이순신 장군은 눈 하나 깜짝하지 않았어. 이미 일본군의 움직임을 예상하고 있었기 때문이지.

일본군이 코앞으로 다가오자 마음이 급한 장수들이 곧바로 쳐들어가자고 주장했어. 하지만 이순신 장군의 생각은 달랐어.

"이곳은 바다가 좁고 섬이 많아 싸우기가 어렵소. 왜적을 한산도 앞바다로 꾀어내 물리쳐야 하오."

이순신 장군은 배 몇 척을 보내 일본군과 싸우는 척하다가 한산도의 넓은 앞바다 쪽으로 달아나게 했어.

"조선 수군이 달아난다. 이순신도 별것 아니다! 하하하!"

일본군은 아무것도 모른 채 한산도 앞바다까지 따라왔어.

"지금이다! 모든 배를 돌려라!"

조선 수군은 일제히 뱃머리를 돌려 학이 날개를 펼치듯 일본군을 순식간에 에워쌌어. 그리고 곧장 화포를 쏘고 불화살을 날렸지.

그제야 함정에 걸려든 것을 깨달은 일본군이 부랴부랴 도망치려 하다가 수많은 배들이 서로 부딪치며 바닷속으로 가라앉았어. 이순신 장군의 전략이 빛나는 엄청난 승리였지.

이 전투를 오늘날 사람들은 '한산도 대첩'이라 부르더라고.

이번에도 고백하자면, 나를 아무리 들춰 봐도 한산도 대첩에 대한 기록은 없어. 옥포 해전처럼 한산도 대첩이 있었을 때의

학이 날개를 편 듯이 진을 쳤다 하여 학익진이라 불리는 이 전략으로 한산도에서 크게 승리했지.

일기도 전해지지 않았기 때문이야. 비록 일기는 남지 않았지만, 이순신 장군은 전투를 끝낼 때마다 임금께 보고서를 올렸기 때문에 한산도 대첩도 보고서에 자세히 기록되어 있어. 오늘날 사람들이 한산도 대첩이 어떻게 승리로 이어졌는지 자세히 알 수 있는 까닭은 이순신 장군이 성실하게 보고서를 써서 임금께 올렸기 때문이야.

전쟁의 승리와 슬픔

　전쟁을 거듭하면서 이순신 장군의 마음속에서는 나라를 위한 충성심과 함께 슬픔도 점점 더 커졌어.

　'전쟁으로 아까운 목숨들을 잃고 있구나. 왜적을 생각하면 내 목숨을 열 번 내주어도 아깝지 않으나, 돌보아야 할 가족이 있는 부하들과 가여운 백성들, 충직한 신하들의 목숨까지 희생되는 것을 생각하면 가슴이 쓰리고 또 쓰리다.'

　이순신 장군은 이런 슬픔을 시로 표현하기도 했어. 한산도에서의 전투를 준비하던 밤, 이순신 장군이 아들과 함께 밖으로 나와 밝게 뜬 달을 보다가 지은 시라고 해. 한번 읽어 볼래?

한산도 달 밝은 밤에
수루에 홀로 앉아
큰 칼 옆에 차고
깊이 시름할 때에
어디서 피리 소리 한 가락이
남의 애를 끊는가

어때? 이순신 장군의 마음이 느껴지니? 전쟁에서는 이기고 지는 것과 상관없이 죄 없는 사람들의 목숨이 희생될 수밖에 없다는 것을 이순신 장군도 가슴 깊이 느끼고 있었던 거야.

이순신 장군의 슬픔은 아랑곳하지 않고 전쟁은 잔인하게 이어졌어. 1592년 9월 1일, 이순신 장군이 이끄는 조선 수군은 부산으로 떠났어. 기억나니? 일본군이 배를 이끌고 가장 먼저 공격한 곳이 부산이었다는 사실 말이야. 그래, 부산은 일본군이 진을 치고 전투에 필요한 물자를 모아 놓은 매우 중요한 곳이었어. 그런 부산을 되찾는다면 조선 군대의 사기는 하늘에 닿을 거야.

조선군은 부산으로 가는 곳곳에서 일본군의 배를 격파했어. 조선군이 부산에 닿기도 전에 일본군의 배는 무려 28척이나 부서졌지.

마침내 이순신 장군이 이끄는 배들이 부산에 닿았어. 그곳에는 일본군의 배가 무려 500여 척이나 정박해 있었지.

"포를 쏴라! 두려워하지 말고 공격하라!"

이순신 장군이 천둥 같은 목소리로 명령하자 조선의 배들은 일제히 포를 쏘기 시작했어. 이 전투로 일본군의 배 100여 척이 물속으로 가라앉았고 수많은 일본군이 죽었어. 하지만 조선군의 피해도 엄청났지. 충직한 무관인 정운과 군사 몇 명이 목숨을 잃었거든.

부산 해전에서도 큰 승리를 거뒀지만, 이제까지 단 한 명의 군사도 잃지 않았던 이순신 장군에게는 너무도 힘든 전투였어.

바다에서 거듭 눈부신 승리를 거둔 이순신 장군은 경상도, 전라도, 충청도의 바다를 튼튼하게 지키는 삼도 수군통제사가 되었어. 일본군은 이순신이라는 이름만 들어도 벌벌 떨었지.

싸움이 불리해지자 일본군은 성을 쌓고 전쟁을 질질 끌기 시작했어. 전쟁을 잠시 멈춘 거지.

"전쟁이 끝난 것이 아니다. 단지 길어졌을 뿐이다."

이순신 장군은 전쟁을 멈춘 휴전 기간에도 길어질 전쟁을 내다보았어. 언제 다시 전쟁이 일어날지 알 수 없었기 때문에 망가진 배를 고치는 데 힘썼지. 무기와 군사들이 쓸 물품도 손보았어. 또한 이순신 장군은 다친 군사들도 돌봤어. 전쟁터에서 숨을 거둔 군사들은 고향에 묻어 주었고, 남은 가족들도 돌봐 주었지.

이순신 장군은 백성들이 전염병과 굶주림에 시달리는 것이 늘 안타까웠어. 그래서 집을 잃은 사람들에게 황폐해진 땅을 일구게 했고, 자연스럽게 식량도 생겼어. 나를 펼쳐 보면 이때의 일기는 군사와 백성들에 대한 걱정, 농사와 수확량에 대한 기록으로 가득 차 있지.

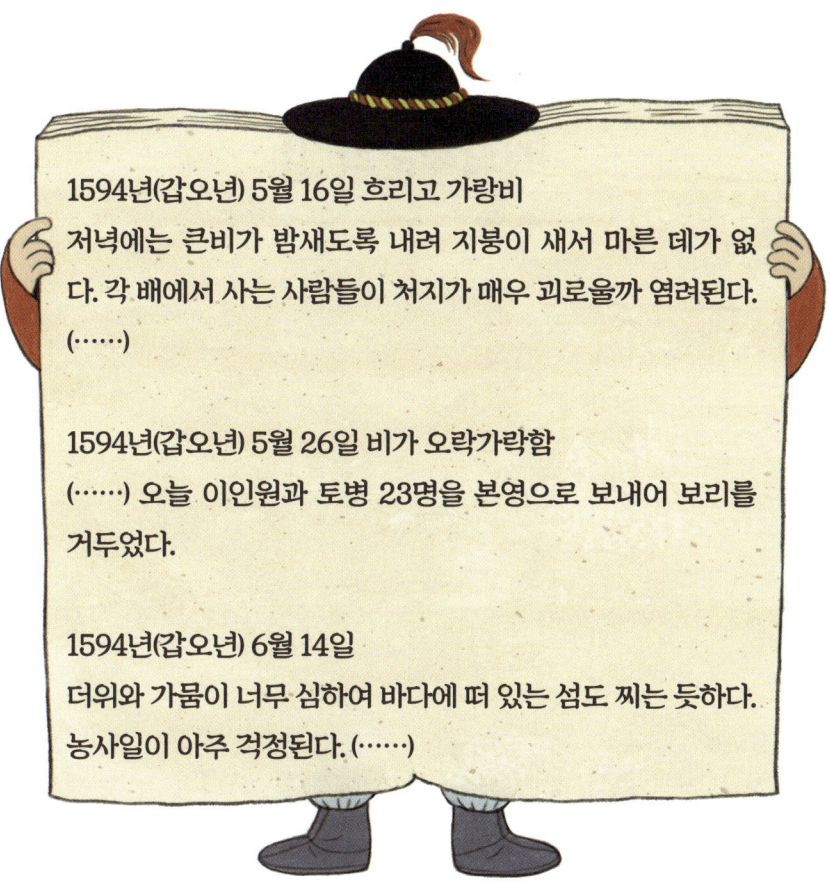

1594년(갑오년) 5월 16일 흐리고 가랑비
저녁에는 큰비가 밤새도록 내려 지붕이 새서 마른 데가 없다. 각 배에서 사는 사람들이 처지가 매우 괴로울까 염려된다. (……)

1594년(갑오년) 5월 26일 비가 오락가락함
(……) 오늘 이인원과 토병 23명을 본영으로 보내어 보리를 거두었다.

1594년(갑오년) 6월 14일
더위와 가뭄이 너무 심하여 바다에 떠 있는 섬도 찌는 듯하다. 농사일이 아주 걱정된다. (……)

이렇게 장군이 자신들을 아끼니 백성과 군사들의 충성심은 점점 더 높아졌어.

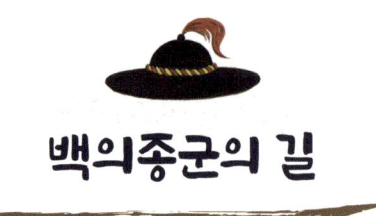

백의종군의 길

한편 이순신 장군을 두려워한 일본은 이순신 장군을 피해 공격할 방법을 생각했어.

"옳지! 일본군이 배 150여 척을 이끌고 바다를 이용해 후퇴할 거라는 거짓 소문을 조선에 퍼뜨리자. 그러면 이순신이 그쪽으로 움직일 테고, 그 틈에 공격하면 되겠지."

거짓 소문을 들은 선조는 이순신 장군에게 당장 바다로 가서 일본군을 물리치라고 명령했어. 물론 이순신 장군은 소문이 거짓이며 일본군의 속임수라는 것을 눈치챘지.

하지만 임금의 명령을 어길 수도 없었어.

이순신 장군은 깊이 고민했고, 결국 바다로 나아가지 않기로 결정했어.

나중에 모든 일이 일본군의 계략이라는 것이 밝혀졌지만 선조는 자신의 명령을 듣지 않은 이순신 장군을 용서할 수 없었어. 평소 이순신 장군을 싫어하던 관리들도 모함을 시작했지.

"임금인 내 명령을 어기다니! 이순신을 당장 한양으로 끌고 오너라!"

이순신 장군은 수레에 실려 한양까지 끌려갔어. 백성들은 그 모습을 보며 눈물을 흘렸지.

이순신 장군은 모진 고문을 받았어. 그대로 두었다면 목숨을 잃을 정도였다니 정말 괴로웠겠지? 그러자 유성룡뿐만 아니라 이순신 장군과 사이가 나빴던 관리들까지 이순신 장군을 구하기 위해 나섰어.

"폐하, 이순신을 용서해 주시옵소서! 그만큼 뛰어난 장수는 세상에 없습니다. 또한 백성들과 군사들이 이순신을 믿고 따르니 그 마음도 헤아려 주십시오."

결국 선조도 두 손 들고 말았어.

"이순신은 권율 밑에서 백의종군하라."

백의종군은 벼슬 없이 군대를 따라 싸움터에 가는 것을 말해. 이순신 장군은 벼슬을 잃고 한낱 군사가 되어 다시 전쟁터로 가게 된 거지.

몸과 마음이 지친 이순신 장군은 권율이 있는 곳으로 가는 길에 본가에 들르기로 했어. 이순신 장군은 말 위에 올라타 사흘 동안 본가로 달려갔어. 가는 중간중간 여러 사람의 집에 머물며 도움을 받았는데, 이름 모를 병사의 집에서 하룻밤을 묵기도 하고, 아는 사람의 집에서 또 하룻밤을 머물기도 했어.

그러다 이순신 장군에게 더욱 슬픈 소식이 전해졌어. 전라도에 머물던 어머니가 이순신 장군이 옥에서 풀려났다는 이야기를 듣고 배를 타고 이순신 장군이 머무는 충청도로 오다가 숨을 거두었다는 거야.

"어머니! 어머니!"

이순신 장군은 어머니 무덤 앞에 주저앉아 울고 또 울었어.

'이 못난 아들을 만나러 오시다가 이리 되셨으니, 나 같은 아들은 차라리 죽는 게 낫다.'

1597년(정유년) 4월 16일 궂은비

(……) 관을 상여에 올려 싣고 집으로 돌아오며 마을을 바라보니 마음이 표현할 수 없을 정도로 찢어지는 듯 아프구나. 집에 도착해 빈소를 차렸다. 비는 퍼붓고 남쪽으로 가기는 해야 하니, 목 놓아 울부짖었다. 어서 죽기를 바랄 수밖에 없구나. (……)

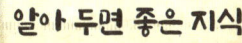 **알아 두면 좋은 지식**

백의종군(白衣從軍)에서 '백의'는 흰옷을 말한다. 조선 시대에 벼슬아치나 궁중에서 일하는 사람들은 모두 붉은색, 파란색, 초록색 등 정해진 색깔의 옷을 입었다. 그래서 색깔이 없는 옷, 즉 흰옷을 입는다는 것은 벼슬 없는 백성처럼 아무런 직책이 없는 사람이라는 것을 뜻했다.

배 열두 척

　이순신 장군이 잡혀가자 일본군은 기다렸다는 듯이 배 수백 척을 이끌고 부산 앞바다로 다시 쳐들어왔어. 정유재란이라고 불리는 전쟁이 터진 거야. 하지만 이순신 대신 삼도 수군통제사로 있던 원균은 일본군을 막기에 역부족이었어. 조선 수군은 일본군에 패해 수많은 군사들이 목숨을 잃었지.
　이순신 장군 역시 이 소식을 들었어. 이순신 장군이 애써 키워 놓은 조선 수군이 처참하게 패한 것은 물론 많은 군사가 목숨을 잃었다는 소식이었지. 이순신 장군은 심장이 꽉 조여드는 것처럼 너무나 괴로웠어.

선조 역시 자신의 잘못을 깨달았어.

'아, 이순신이 없으면 조선의 수군은 더 이상 바다를 지킬 수 없구나.'

선조는 이순신 장군을 다시금 삼도 수군통제사로 임명했어. 하지만 이순신 장군에게 남은 것은 고작 배 열두 척뿐이었지. 그토록 용맹했던 거북선도, 열심히 수리했던 수많은 배들도 없었어.

그 무렵, 조정에서는 수군을 없애자는 이야기가 흘러나오고 있었어. 수군이 얼마 남지 않았으니 일본군과 바다에서 싸워

보았자 분명히 질 거라고 생각했던 거야. 그럴 바에는 바다에서의 전투를 포기하고 수군을 육군에 합쳐서 육지에서의 전투에 힘을 모으는 것이 낫겠다고 생각한 거지.

조정은 수군을 해체하라고 이순신 장군에게 명령했어. 이순신 장군은 자신에게 남은 배와 군사를 헤아려 보았지.

"신에게는 아직 싸울 수 있는 열두 척의 배가 있나이다. 죽을 힘을 다해 싸우면 오히려 이길 수도 있습니다. 신이 죽지 않았으니 적도 감히 우리를 업신여기지 못할 것입니다."

이순신 장군은 얼마 남지 않은 수군을 이끌고 진도와 해남 사이에 있는 폭이 좁은 해안인 울돌목으로 향했어.

울돌목은 물살이 아주 세차고 빨랐어. 게다가 하루에도 여러 번 물의 흐름이 바뀌는 곳이었지.

'그래, 저 울돌목에서 싸우자. 저곳이야말로 적은 수로도 크게 이길 수 있는 곳이다.'

더 이상 물러설 곳이 없었던 이순신 장군은 군사들을 다독였어. 일본군은 무려 130여 척이나 되는 배를 이끌고 울돌목으로 다가왔어.

"제 아무리 이순신이라고 해도 이번에는 우리를 막지 못할 것이다. 돌진하라!"

그러자 이순신 장군이 엄숙한 목소리로 군사들에게 말했어.

"이제 더 이상 살 곳도, 물러설 곳도 없다! 죽고자 하면 살 것이고, 살고자 하면 죽을 것이다. 목숨에 기대지 마라! 병법에 이르길 한 사람이 길목을 잘 지키면 1000명의 적도 떨게 할 수 있다고 했다. 죽음을 두려워 말고 싸워라!"

이순신 장군은 맨 앞에 서서 화살을 퍼부었어.

"적의 배를 두려워하지 마라. 그 수가 아무리 많아도 한꺼번에 우리를 공격할 수는 없다. 물살이 곧 바뀔 것이다. 그때까지 결코 물러서지 마라!"

잠시 후, 이순신 장군의 말대로 물살이 바뀌어 일본군이 있는 쪽으로 빠르게 흘렀어.

조선 수군은 기회를 놓치지 않고 화포를 쏘며 돌격했지. 일본군은 크게 당황해서 배를 돌리려 했지만 물살이 워낙 거세서 그럴 수가 없었어. 결국 일본 배들은 물살에 휘말려 하나둘 부서지기 시작했고 겨우 살아남은 일본군은 허겁지겁 도망쳤지.

"왜적을 물리쳤다!"

군사들은 하늘을 찌를 듯 함성을 질렀어. 기적 같은 승리로 역사에 남은 '명량 대첩'은 이렇게 끝이 났지.

마지막 전투

 이제 일본군은 이순신 장군이 있는 곳에서는 아무리 군사를 많이 이끌고 가도 반드시 패할 것이라는 생각을 하게 되었어. 그래서 조선 수군을 멀찍이서 보기만 해도 달아났지. 그러던 중에 임진왜란을 일으킨 도요토미 히데요시가 병으로 갑자기 죽고 말았어. 일본군은 허겁지겁 후퇴했고, 이순신 장군은 이렇게 소리쳤지.

 "뒤쫓아라! 단 한 척의 배도 떠나지 못하게 하라!"

 1598년 11월 19일 새벽, 노량(경상남도 남해도와 하동 사이에 있는 나루터) 앞바다는 일본으로 돌아가려는 일본 배 수백 척으로 붐볐어. 이순신 장군은 조선 수군을 이끌고 명나라 수군과 함께 그곳으로 향했지.

"북을 울려라!"

이순신 장군의 목소리가 벼락같이 울렸어.

"한 놈도 살려 보내지 마라!"

조선 수군이 내뿜는 화포와 불화살이 새벽하늘을 밝혔어. 일본 배들은 겁에 질려 이리저리 달아나다가 서로 뒤엉켜 부서지고 불길에 휩싸였어. 이 전쟁은 하루가 지나도 끝나지 않았지.

이순신 장군은 이번에도 앞장서서 군사들을 지휘했어. 그때 총탄 하나가 날아와 이순신 장군의 왼쪽 가슴에 박혔어.

이순신 장군이 쓰러지자 놀란 부하 장수들이 달려왔어.

"싸움이 급하니 나의 죽음을 알리지 마라."

이순신 장군은 그 말만 남기고 세상을 떠나고 말았어.

이순신 장군이 숨을 거두면서 임진왜란도 끝이 났어. 사람들은 이순신 장군을 용맹하고 뛰어난 장군으로 오래도록 기억하게 되었지.

나는 이순신 장군이 임진왜란을 겪은 7년 동안 한결같은 마음으로 써 내려간 이야기를 가슴에 품고 있어. 사람들은 나를 읽으며 몇백 년 전의 영웅 이순신 장군이 평범한 아들이자 남편, 아버지, 친구라는 것을 다시금 깨닫는다고 해.

일기, 이렇게 써 봐

전쟁 중에도 일기를 매일매일 쓴 이순신 장군 이야기. 어떻게 읽었니? 꼬박꼬박 일기를 쓴 이순신 장군이 대단하다고? 쉿! 이건 비밀인데, 읽기와 쓰기가 습관이 된 사람은 일기를 쓰지 않으면 몸이 근질근질하게 된대. 믿거나 말거나지만.

지금부터 일기를 써야 하는 이유와 좋은 점, 방법까지, 네가 일기를 쓰지 않고는 못 배길 만큼 확실하게 일기 쓰기 습관을 만들어 줄 초특급 비법을 재미있게 알려 줄게.

일기, 왜 써야 할까?

'가뜩이나 숙제도 많은데, 일기도 써야 하는 거야?'

지금 책장을 넘기면서 이런 생각을 하고 있지는 않니? 눈이 동그래지는 걸 보니 내 말이 맞나 보구나? 일기 쓰기가 숙제라고만 생각되면 일기장만 펼쳐도 한숨이 푹푹 나오겠지.

그런데도 어른들은 자꾸 일기를 쓰라고 해. 도대체 왜? 왜 일기를 써야 하는 걸까?

첫째로 일기를 쓰면 오늘 하루를 돌아볼 수 있어.

그게 무슨 말이냐고? 하루를 돌아보는 일은 그날의 날씨, 만났던 사람들, 벌어졌던 사건과 그 순간 느꼈던 감정까지 뒤죽

박죽 떠오르는 많은 생각을 정리하고 중요한 일을 가려 뽑는 거야.

지금부터 네가 오늘 하루 무엇을 했는지 생각해 봐. 네가 했던 것, 들었던 것, 보았던 것을 떠올리면서 어떤 기분을 느꼈는지 생각하면 돼. 가족과 웃고 떠들었던 일, 동생과 다퉜던 일, 혹은 친구에게 미안했거나 서운했던 일이 생각날 수도 있지.

믿기지 않겠지만 이순신 장군도 사소해 보이는 일을 그날그날 일기에 썼어.

이날 밤, 이순신 장군은 일기를 펼치고 하루 동안 무슨 일이 있었는지 되돌아봤을 거야. 그날 들었던 소식, 느꼈던 감정을

다시 한번 곰곰 생각했겠지.

'아, 오늘은 아침부터 아들이 찾아와 기쁜 소식을 전해 주었구나. 그래서 하루를 기분 좋게 시작할 수 있었다. 옳지! 오늘은 그 일부터 써야겠다.'

이순신 장군은 일기장을 펼친 뒤에 비록 큰일은 아니더라도 스스로에게는 의미 있는 사건을 기록해 둔 거야. 그날의 사소한 사건과 그때의 기분을 잊고 싶지 않았을 테니까.

하루를 돌아본다는 건 그날그날 느꼈던 감정과 생각을 차곡차곡 쌓아 가는 과정이야. 한순간에만 느끼고 사라졌을 뻔한 너의 소중한 기억이 기록되는 일이지. 너만의 역사책을 만들어 간다고 생각해 봐. 너무 멋진 일이지 않을까?

또 일기를 통해 잊을 뻔한 순간을 기억할 수도 있어. 오늘 무척이나 재밌는 일이 있었는데 기록해 두지 않는다면 분명 며칠 안 가서 잊어버리고 말 거야. 오랫동안 좋은 추억으로 남기고 싶던 일도 쉽게 잊히겠지. 네가 앞으로 나를 믿고 딱 일주일 동안 일기를 쓴다면, 마지막 날 일기를 첫 장부터 다시 읽었을 때 깜짝 놀라며 이런 말을 하게 될 거야.

"내가 이런 생각을 했다고?"

"이날은 정말 재밌었어."

일기를 쓰지 않았다면 까맣게 잊어버렸을 이야기와 생각, 감정이 글씨로 생생하게 기록되어 일기장 속에 남게 된 거야.

마지막으로 일기를 쓰다 보면 너의 생각도 더 크게 키울 수 있어. 생각하는 힘은 자꾸 생각을 정리해 볼 때 생기거든. 만약 오늘 괴롭힘을 당하는 친구를 봐서 기분이 안 좋았다고 일기에 쓰고 나면, 다음 날에는 그 친구는 왜 괴롭힘을 당한 걸까? 괴롭히는 친구는 왜 그런 걸까? 고민을 하고, 또 다음 날에는 괴롭힘 당하는 친구를 어떻게 도와줄 수 있을까? 하고 생각을 넓혀 나갈 수 있지.

가족이나 친구에게 미안했던 일을 쓰면, 스스로를 돌아보고 반성할 시간도 가질 수 있어. 그럼 다음에는 사과를 하거나 미안할 일을 만들지 않도록 노력도 할 수 있고 말이야.

이쯤 되면 왜 일기를 써야 하는지 조금은 알겠니? 아직도 알쏭달쏭하다면 내가 딱 세 가지로 정리해 줄게. 앞으로 이 이유를 마음속에 품고 일기 쓰기에 한번 도전해 보자!

일기를 써야 하는 이유

하루를 돌아볼 수 있어.

우리의 하루는 굉장히 긴 것 같지만, 사실 지나고 나면 매우 짧게 느껴져. 아침에 힘들게 일어나서 밤에 잠자리에 들 때까지 시간이 후다닥 지나가지. 일기를 쓰면 그런 너의 하루를 정리하는 시간이 생겨.

잊을 뻔한 순간을 기억할 수 있게 해 줘.

오늘 하루가 별일 없이 쏙 지나갔다고 느낄지도 몰라. 하지만 일기를 쓰려고 책상 앞에 앉으면 생각보다 많은 일이 있었고, 그때마다 네가 느끼는 기분이 다양했다는 걸 깨닫게 될지도 몰라. 네가 잊지 말아야 할 약속이나 잊어서 미안한 약속도 떠오를 수 있지. 일기는 그런 순간순간의 기억을 기록하는 너만의 역사책이야.

생각을 키울 수 있어.

오늘 정리한 생각을 내일 또 생각하고 모레도 생각하다 보면, 생각하는 힘도 생기고 세상을 바라보는 눈도 커질 수 있어. 만약 좋은 아이디어가 갑자기 떠올랐는데 일기에 남기지 않는다면 아이디어를 더 발전시킬 수도 없을 거야.

일기 쓰기, 어떤 점이 좋을까?

 일기를 써야 하는 이유를 말했지만, 여전히 일기가 숙제처럼 느껴지지?

 그건 일기를 써야 하는 이유는 알았지만, 일기를 쓰는 게 뭐가 좋은지 모르기 때문일 수도 있어. 그래서 내가 일기 쓰기의 좋은 점을 하나씩 말해 줄게. 아마 귀가 솔깃해질 내용이니까 눈에 힘을 딱 주고 읽어 주면 좋겠어.

 먼저, 일기를 쓰면 글쓰기 실력을 기를 수 있어.

 혹시 지금 말도 안 된다고 나를 흘겨보고 있니? 일기 몇 줄 쓴다고 글쓰기 실력이 좋아질 리 없다고 생각하는 거지?

하지만 내 말은 사실이야. 네가 일기를 성실하게 꾸준히 쓴다면 글쓰기 실력이 좋아질 수밖에 없어. 왜냐하면 일기를 쓰기 위해서는 하루를 정리하고, 그중에 일기로 쓸 만한 일을 뽑아서, 정해진 양만큼, 사건에 어울리는 형식으로 써야 하기 때문이야.

이런 과정은 사실 모든 글쓰기의 기본이야. 어떤 글을 쓰든지, 누가 글을 쓰든지 반드시 거쳐야 하지.

물론 네가 일기를 쓸 때 과정 하나하나를 생각하면서 골치 아파할 필요는 없어. 일기를 자주 쓰다 보면 내가 말한 과정이 생각보다 순식간에 지나가게 되거든. 말하자면 너는 글쓰기의 기본 과정에 익숙해지는 거지. 그러면서 글 쓰는 데 자신감도 길러질 거야.

자신감! 그래, 글쓰기는 자신감이 매우 중요해! 글 쓰는 건 어렵지 않다고 여기는 자신감, 어떤 글이라도 쓸 수 있다는 자신감 말이야.

일기 쓰기의 또 다른 좋은 점은 앞으로의 일을 계획할 수 있다는 거야. '앞으로의 일을 계획'한다는 말이 조금 어렵게 느껴지니? 그럼 이렇게 생각해 보자.

네가 오늘 매우 친한 친구의 생일이 언제인지 알게 되었어. 그럼 그 사실을 기억하고 싶어서 일기에 쓸 수도 있지. 생일에 대해 쓰다 보면 친구에게 생일 선물을 주고 싶다는 생각이 들 수도 있고, 어떤 생일 선물이 좋을지 고민도 하게 될 거야. 그

러면서 일기 마지막은 이렇게 끝맺을 수 있어.

"친구 생일이 되면 꼭 친구가 좋아하는 지우개 연필을 선물해야지."

만일 친구의 생일이 가까워진다면 너는 무엇을 해야 할지 고민이 담긴 일기를 쓸 수도 있어.

"친구가 좋아하는 지우개 연필 파는 곳을 알아냈다. 내일은 그곳에 가서 어떤 연필이 있는지 살펴봐야겠다."

이런 것이 바로 일기를 쓰면서 앞으로의 일을 계획한다는 거야. 일기를 쓰지 않았다면 친구 생일도 잊고, 생일 선물을 주는 것도, 어떤 선물을 준비해야 할지 고민하는 것도 잊어버릴지도 모르지. 이런 점이 일기 쓰기의 좋은 점이야. 이제 조금 이해가 되니?

이순신 장군도 임진왜란이라는 큰 전쟁이 코앞으로 다가오자 무엇을 준비하고 앞으로 어떻게 해야 하는지 일기에 꼼꼼하게 기록했어. 이름만 들어도 용맹함이 느껴지는 거북선을 시험한 일도 일기를 쓸 때 빼놓을 수 없는 사건이었지. 이렇게 일기를 쓰며 이순신 장군은 전쟁 준비에 무엇이 부족한지, 앞으로 무엇을 해야 할지 생각했던 거야.

그러니까 너도 일기를 쓰면 앞으로 할 일을 자세하게 계획할 수 있어.

일기를 쓰면 좋은 점 두 가지, 이제 확실히 알았니? 일기 쓰기가 너무 귀찮게 느껴지는 날, 지금 알려 준 일기 쓰기의 좋은 점 두 가지를 다시 한번 떠올려 주면 좋겠어. 그런 의미에서 일기 쓰기 좋은 점 두 가지를 간단하게 정리해 줄 테니 잘 읽어 봐.

일기 쓰기의 좋은 점

글쓰기 실력이 늘어.
글쓰기 실력을 키우는 가장 좋은 방법은 글을 자주 쓰는 거야. 여러 형식의 글을 자주 쓰면 무엇을 써야 할지, 어떻게 써야 할지 쉽게 정할 수 있거든. 그러니까 일기 쓰기를 통해 글쓰기 훈련을 저절로 하게 되지.

앞으로의 일을 계획할 수 있게 돼.
일기를 쓰려면 잠시 하루를 돌아보고 앞으로 무슨 일이 있을까 생각하는 시간을 갖게 돼. 그리고 일기 속에 생각해 둔 계획을 상세하게 그려 볼 수도 있지.

왜 매일매일 써야 할까?

한번 상상해 보자. 저녁을 먹고, 깨끗하게 양치질도 한 뒤에 자려고 누웠을 때, 방문 너머로 이런 말이 들려오는 거야.

"얘, 오늘 일기는 썼니?"

그럼 너는 할 수 없이 일어나 일기장을 펼치며 입을 삐죽 내밀겠지.

'아, 귀찮아. 일기는 왜 매일 써야 하는 걸까?'

이런 생각은 아마 일기를 숙제라고 여기는 친구라면 누구나 한 번씩은 해 본 적 있을 거야. 그런데 말이야, 이순신 장군은 매일매일 일기를 썼어. 당장 전쟁이 벌어질 위급한 상황이나 전쟁이 한창일 때는 빼고 말이야.

그럼 이순신 장군은 왜 매일매일 일기를 썼을까? 이순신 장군은 일기를 쓰면서 그날그날 상황을 기록하고, 전쟁 준비가 소홀한 부분은 없는지 늘 되돌아본 거야. 그러다 보니 자연스럽게 일기 쓰기가 하루 일과에서 빼놓을 수 없는 중요한 일이 된 거지. 이순신 장군은 몸이 아픈 날에도 일기를 썼어. 단 한 줄이라도 말이야.

1592년(임진년) 4월 2일 맑음
식사를 하고 나니 몸이 몹시 불편했다. 시간이 지날수록 점점 더 아파 밤새도록 신음했다.

1592년(임진년) 4월 3일 맑음
기운이 어지러워 밤새도록 앓았다.

1594년(갑오년) 4월 26일 맑음
통증이 너무 심해서 거의 정신을 차릴 수가 없었다. (……)

이순신 장군이 하루 종일 아팠어도 일기를 쓴 건 습관이 되어서야. 일어나서 세수를 하고 옷을 입듯이 일기 쓰는 것도 일상생활의 하나였지. 이 점이 바로 일기를 매일 쓰는 이유로 가장 중요해. 일기를 하루도 빠짐없이 쓰다 보면 어느새 귀찮다는 생각은 들지 않고 자연스레 하루를 돌아보는 습관이 몸에 밸 거야.

일기 쓰는 습관을 기르는 일은 사실 쉽지 않아. 그날 있었던 일을 생각해 내려면 시간이 걸리고 조금 귀찮기도 하지. 하지만 내가 누구야? 이순신 장군이 무려 7년 동안이나 써 온 〈난중일기〉라고! 내가 알려 주는 대로 따라 하면 너에게도 곧 일기 쓰는 습관이 생길 거야. 이제 일기 쓰는 습관을 만들어 줄 가장 중요한 비법을 알려 줄게.

일기 쓰는 습관을 만드는 법

일기는 잠자기 직전에 쓰자!

일기는 저녁에 쓰는 게 좋아. 그것도 잠자기 바로 직전에 말이야. 저녁도 먹고, 양치질도 하고, 숙제까지 모두 끝낸 뒤에 오늘 하루 있었던 일을 되돌아보는 거야. 매일매일 잠을 자니까 일기도 매일매일 비슷한 시간에 쓰게 되고, 그럼 일기 쓰는 습관이 좀 더 빨리 생길 거야.

무엇이든 쓰자!

특별한 일이 없어도 돼. 무슨 일이든 일기로 쓸 수 있어. 오늘 하루 중 생각나는 일이라고는 꿈꾼 일밖에 없다고? 그럼 그걸 일기로 써도 좋아. 이순신 장군도 꿈꾼 일을 일기에 쓰기도 했으니까. 못 믿겠다고? 정말이야. 좋아, 그럼 너에게만 살짝 보여 줄게.

> 1594년(갑오년) 2월 3일 맑음
> 새벽에 꿈을 꾸었는데 한쪽 눈이 먼 말을 보고 있었다. 무슨 징조인지 모르겠다. (……)

그날이 그날 같아도 일기를 꼭꼭!

아무리 생각해도 특별한 일이 없는 날이 있어. 아침에 일어나서 세수하고, 밥 먹고, 학교에 갔다가 집에 돌아오는 일은 매일 똑같은 일이지. 매일 똑같은 일만 반복된다면 일기를 안 써도 괜찮을까? 내가 말할 답은 이미 알고 있겠지? 물론 똑같은 일을 일기에 써도 돼. 중요한 것은 매일 일기를 쓴다는 점이니까.

 ## 이것만은 써넣자

이쯤에서 다시 한번 짚고 넘어갈게. 내가 누구라고 했지? 내 이름을 크게 말해 줄래? 그래, '난중일기'. 이순신 장군이 꼬박꼬박 쓴 일기인 〈난중일기〉가 바로 나야. 그러니 일기에 무엇을 꼭 써넣어야 하는지 누가 나만큼 잘 알겠어?

앞에서 내가 말했지? 무슨 일이든 일기로 쓸 수 있다고 말이야. 일기는 길게 쓰든 짧게 쓰든 아무 상관없어. 그저 그날그날 습관이 되도록 쓰는 게 중요해.

그런데 일기에 무엇을 써도 괜찮지만 꼭 빼먹으면 안 되는 게 두 가지 있어. 바로 날짜와 날씨야.

그럼 왜 일기에 날짜와 날씨를 꼭 써야 할까? 얼굴을 보니 이유를 알 듯 모를 듯한 표정이네. 그럼 네가 잠자기 직전에 일기장을 펼치고 연필을 잡은 모습을 상상해 봐. 무엇을 쓸지 고민하기 전에 가장 먼저 오늘 날짜를 쓰고 날씨는 어땠는지 떠올리는 거야.

'오늘 날씨가 엄청 맑았는데 내 기분이 별로 좋지 않아. 왜 그랬지?'

날씨에서 시작해 오늘 느낀 기분과 무슨 일이 있었는지 생각을 이어 갈 수 있어. 이순신 장군도 일기를 쓸 때 날짜와 날씨를 꼭 써넣었어.

1595년(을미년) 4월 16일 하루 종일 큰비
비가 충분히 내리는 것을 보니 올해 농사는 풍년일 것 같다.

하루 내내 비가 내리는 것을 보면서 누군가는 운동장에 나가 놀지 못해서 지루했다고 일기장에 쓸 수도 있겠지만 이순신 장군은 농사가 잘되길 바라는 마음을 담았지.

일기에 그날의 날짜와 날씨를 쓰는 건 기록을 남긴다는 점에서 매우 중요해. 언제 쓴 일기이고, 그날의 상황이 어땠는지를 나타내는 중요한 증거가 되니까. 이 때문인지 이순신 장군은 특히 날씨를 매우 자세하게 기록했어. 어떤 일기에는 그날의 날씨가 마치 눈앞에 그려질 정도로 생생하게 기록되어 있지.

1594년(갑오년) 5월 4일 하루 종일 바람이 세게 불고, 많은 비가 밤새도록 그치지 않고 심하게 내림

1594년(갑오년) 8월 6일 아침에 맑다가 저물녘에 비 옴

1595년(을미년) 1월 11일 우박이 오고 동쪽에서 바람이 붊

이순신 장군은 일기를 며칠 쓰지 못했다고 해서 몰아서 쓰지 않았어. 그저 일기를 쓸 수 있는 날에 그날 날짜와 날씨를 성실하게 쓰는 걸 더 중요하게 여겼지. 만일 일기를 며칠씩 몰아서 쓴다면, 아마 그날의 날씨뿐만 아니라 사건까지 거짓으로 쓰게 될지도 몰라. 일부러 지어내려 하지 않아도 사람의 기억이란 정확하지 않으니까 말이야.

오늘 일기에 날짜와 날씨를 써 봐. 그럼 너에게 매우 중요한 기록이 시작될 거야.

좋아! 그럼 일기에 날짜와 날씨 쓰는 방법을 알려 줄 테니 한번 연습해 볼래?

날짜와 날씨 쓰는 법

날짜는 년, 월, 일, 요일 순서대로!
날짜를 쓰는 법은 매우 간단해. 먼저 올해는 몇 년도인지 쓰고, 이어서 월, 일, 요일을 쓰는 거야. 간단하지? 그럼 오늘 날짜를 한번 써 볼까?

오늘 날짜: (　　)년 (　　)월 (　　)일 (　　)요일

날씨는 간단하게!
오늘 날씨가 어땠는지 표현하는 방법은 매우 다양해. 글로 써도 되고, 그림으로 표현해도 돼. 너도 한번 그림으로 표현해 볼래? 단, 되도록 간단하게 표현해야 나중에 일기장을 살펴볼 때 헷갈리지 않을 거야.

글로 표현하자	그림으로 표현하자	너라면 어떻게 그리겠니?
맑음	☀	
비	🌧	
흐림	⛅	

달라진 점을 찾아라!

퀴즈를 낼게, 한번 맞혀 봐!

"오늘 급식으로 나왔던 음식 중에 어제와 다른 음식은?"

똑딱 똑딱 똑딱 똑딱!

어때? 맞혔니? 어제 무엇을 먹었는지, 오늘 무엇을 먹었는지 기억이 금방 떠오르지 않더라도 곰곰이 생각해 봐. 그러면 어제는 급식으로 볶음밥을 먹었고, 오늘은 급식으로 우동을 먹은 일이 떠오를 거야. 뭐라고? 그거 말고 다른 음식을 먹었다고? 하하, 맞아. 네 기억이 정답이야. 어쨌든 어제와 오늘 급식으로 무엇을 먹었는지 떠올린 거지?

그럼 오늘 새로운 급식을 먹었을 때 기분이 어땠니? 맛있었니? 맛없었니? 친구들은 다들 잘 먹은 것 같았니? 우아, 급식 하나만으로도 어제와 다른 일을 이렇게 많이 찾아낼 수 있어!

이제 집에 돌아와서 한 일을 떠올려 보자. 오늘은 왠지 손을 씻는 게 귀찮아서 바로 방으로 들어가진 않았니? 어제는 집에 돌아오자마자 손을 씻었는데 말이야.

손 씻지 않은 걸 그만 부모님께 들켜서 꾸중을 들었을 수도 있어. 어제는 손을 잘 씻었다고 칭찬을 들었는데 말이야.

좋아, 이제 일기에 어제와 달라진 점을 써 보는 거야.

'오늘 급식에 콩이 섞인 밥이 나왔다. 어제는 급식에 스파게티가 나와서 맛있게 먹었는데, 오늘은 실망이다.'

어렵지 않지?

'으윽, 매일매일 똑같은데 오늘은 또 뭘 써야 하는 거야?'

일기장을 펼쳤을 때 이런 생각부터 떠오를 수 있어. 난 다 이해해. 매일매일 새로운 사건이 일어나는 건 아니니까. 그러다 보니 어제 일기도, 그저께 일기도 똑같은 말만 쓴 것 같지? 그래서 일기를 쓰기 전에 어제와 달라진 점을 찾는 시간이 필요해. 아주 작은 일이라도 상관없어. 일단 어제와 달라진 점을 생

각하면, 그 일 때문에 네가 어떤 기분을 느꼈는지, 또 그 일이 벌어진 뒤에 무엇을 했는지 자연스럽게 떠오를 거야.

　이순신 장군도 매일 거의 비슷한 일을 반복했고, 일기에도 그대로 써넣었어. 하지만 그런 일기도 잘 읽으면 조금씩 다른 점이 있지. 여기서 잠깐 퀴즈! 이순신 장군이 쓴 일기를 보면서 어떤 점이 달라졌는지 한번 찾아볼래? 못 찾을까 봐 걱정하지는 마. 매우 간단한 퀴즈니까.

이번에는 네가 일기를 쓰면서 어제와 달라진 점을 찾아야 할 때 도움이 될 퀴즈를 내 볼게. 앞으로 일기를 쓸 때 이 퀴즈를 생각하면서 일기에 쓸 거리를 찾아보는 거야.

퀴즈! 퀴즈! 어제와 달라진 점을 찾아라!

❶ 아침에 눈을 떴을 때 기분이 어제와 같았어? 달랐어?
  달랐다고? 그 이유가 뭔데?

❷ 학교에 입고 갈 옷을 골랐을 때 기분이 어제와 같았어? 달랐어?
  달랐다고? 그 이유가 뭔데?

❸ 숙제를 해야 할 시간이 되었을 때 기분이 어제와 같았어? 달랐어?
  달랐다고? 그 이유가 뭔데?

마음을 들여다봐!

응? 지금 뭐라고 투덜거리지 않았니?

아하! 일기장을 펼쳤더니 한숨이 나온다고? 네가 말하지 않아도 이유를 알 것 같아. 어제와 달라진 점을 아무리 찾으려고 해도 일기장에 쓸 만한 이야기가 좀처럼 떠오르지 않는 거지?

그렇다면 일기에 네 기분을 써 보면 어때? 분명히 어제는 기분이 좋았는데, 오늘은 기분이 좋지 않다면 그 이유를 떠올려 봐. 오늘 배가 아팠는데 아무도 알아주지 않아서? 네가 하려던 게임을 하지 못해서? 아니면, 친구와 놀고 싶었는데 그러지 못해서? 네 마음을 들여다보고, 그걸 그대로 일기에 담는 거야.

'그냥 기분이 좀 안 좋은 걸 일기에 써도 될까? 대단한 일도 아닌데 꼭 일기에까지 써야 되나?'

이런 생각이 든다면 이순신 장군이 쓴 일기를 읽어 봐.

1595년(을미년) 7월 2일 맑음
오늘은 돌아가신 아버님의 생신이다. 슬프기 한이 없어 눈물만 난다. (……)

어때? 일기 속에 대단한 일이 있는 것도 아니야. 하지만 일기를 보면 이날 별일이 없었는데도 이순신 장군의 마음이 좋지 않았다는 걸 알 수 있어. 이순신 장군이 자신의 마음을 솔직하게 담았기 때문이지.

잠깐! 여기에서 중요한 부분 한 가지를 짚고 넘어갈게.

그건 바로 '솔직한 마음을 일기에 담는 것!'이야. 이건 일기에서 매우 매우 매우 매우 매우 중요해. 내가 '매우'라는 말을 무려 다섯 번이나 반복했으니 얼마나 중요한지 느껴지지?

 아무리 일기가 자기 혼자만 보는 기록이라고 해도 막상 화나고, 슬프고, 질투가 나서 짜증 나는 감정을 일기에 솔직하게 쓰기란 쉽지 않아. 괜히 주위를 한번 둘러보게 되고, '쓸까? 말까? 혹시라도 나중에 다른 사람이 일기를 보고 나를 흉보면 어쩌지?' 하고 괜한 걱정도 하게 되지.

부끄러워하지 않아도 돼. 난 다 이해해. 그래서 너에게 좀 더 솔직한 일기를 쓰라고 용기를 주고 싶어서 이순신 장군이 쓴 일기 한 토막을 보여 주려고 해.

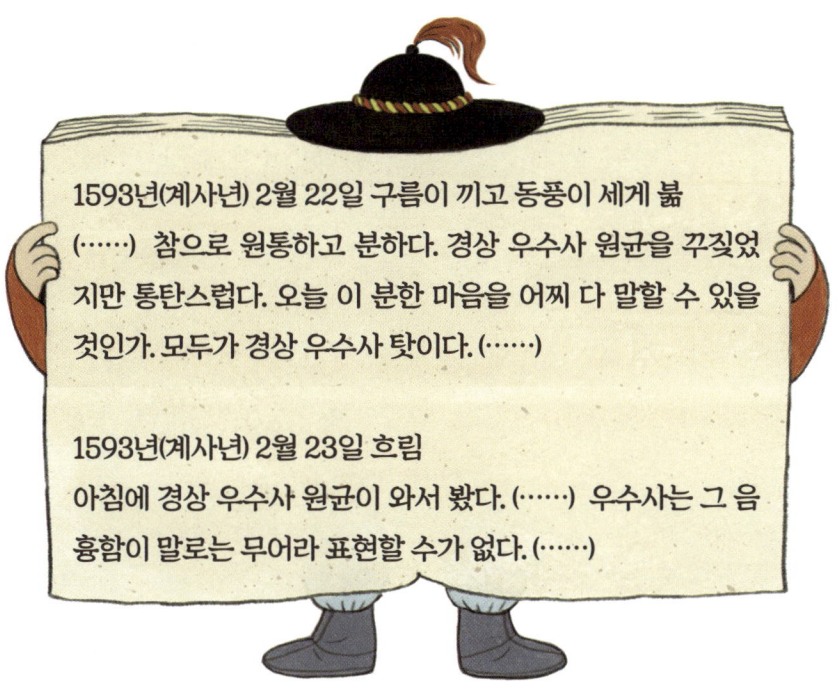

1593년(계사년) 2월 22일 구름이 끼고 동풍이 세게 붊
(……) 참으로 원통하고 분하다. 경상 우수사 원균을 꾸짖었지만 통탄스럽다. 오늘 이 분한 마음을 어찌 다 말할 수 있을 것인가. 모두가 경상 우수사 탓이다. (……)

1593년(계사년) 2월 23일 흐림
아침에 경상 우수사 원균이 와서 봤다. (……) 우수사는 그 음흉함이 말로는 무어라 표현할 수가 없다. (……)

이순신 장군이 쓴 일기 속에 원균이라는 이름이 보이니? 원균이라는 장군은 이순신 장군과 사이가 안 좋았어. 이순신 장군은 뜻이 맞지 않는 원균을 매우 미워했지. 이순신 장군은 자신의 마음을 숨기지 않고 일기에 썼어. 그래서 일기 속에는 원균을 험담하는 글이 꽤 자주 나와.

이제 이순신 장군 같은 영웅도 다른 사람을 싫어하는 자신의 감정을 솔직하게 썼다는 것을 잘 알았지? 물론 자신의 마음을 글로 표현하는 것도 연습이 필요해. 그리고 난 기분을 표현하는 일기를 좀 더 쉽게 쓸 수 있는 방법을 알고 있지.

내가 아는 방법 두 가지를 알려 줄게. 어렵지 않으니까 한번 따라해 볼래?

기분을 표현하는 방법

기분에 어울리는 제목을 지어 봐!

오늘 일기를 쓰기 전에 기분에 어울리는 제목을 먼저 지어 봐. 그럼 일기 내용도 술술 풀릴 거야. 제목 지을 생각을 하니까 벌써부터 골치가 아프다고? 제목 짓기는 생각보다 쉬워. 예를 들어 오늘 낮에 네 기분이 매우 좋았다면 제목에 이렇게 쓰는 거야.

'오늘 기분 최고!'

또 오늘 네가 좋아하는 딸기를 먹어서 기분이 좋다면 제목에 이렇게 쓰는 거야.

'새콤달콤 딸기'

기분은 솔직하게!

이제 네 기분을 일기에 쓸 차례야. 그런데 왠지 마음을 글로 쓰는 것이 어색하고 쑥스럽니? 일기는 기억을 기록하는 너만의 역사책이라고 했지? 뒷날 네가 어른이 되어 솔직하고 꾸밈없이 기록한 일기장을 본다면 정말 재미있을 거야.

마음을 표현할 때는 간단하게 써도 돼. 내키지 않는데 굳이 자세하고 길게 쓸 필요는 없어. 다만, 중요한 것은 네 마음을 솔직하게 표현하는 거야.

오늘 잠자기 직전 일기장을 펼쳤을 때 기분이 좋지 않고 슬프다면 일기에 이렇게 쓰는 거야.

'기분이 좋지 않다. 눈물이 나올 것만 같다. 이유는 쓸 수 없다. 나중에 쓸 수 있게 될지도 모르지만…….'

어때? 어렵지 않지?

 ## 형식은 마음대로!

일기 쓰기를 알려 주다가 갑자기 걱정이 생겼어. 혹시 일기를 쓸 때, 신문 기사처럼 딱딱하게 써야 한다고 생각하는 건 아니지? 그런 생각이 들었다면, 지금 당장 네 머릿속에서 그 생각을 꺼내 꾸깃꾸깃 뭉쳐서 휴지통에 버려 주었으면 좋겠어.

일기를 쓸 때 정해진 형식이란 없어. 네가 편하게 쓸 수 있는 형식이 바로 일기 쓰기 형식이지. 그렇기 때문에 어제는 설명문처럼 자세하게 썼다면, 오늘은 산책하는 귀여운 강아지를 본 기쁜 마음을 동시로 재미있게 쓸 수도 있고, 내일은 쓰레기를 함부로 버리는 어른을 보고 앞으로 그런 일이 일어나지 않았으면 좋겠다는 너의 마음을 논설문처럼 강하게 쓸 수도 있어.

아, 설명문, 논설문처럼 어려운 말을 해서 미안! 설명문은 어떤 글을 쓸 때 감정을 담지 않은 상태로 이해하기 쉽게 쓴 글을 말하고, 논설문은 자기주장을 밝혀서 쓴 글을 말해. 하지만 이런 말의 뜻을 아는 게 중요하진 않아. 내가 너에게 해 주고 싶은 말은 일기를 쓸 때는 어떤 형식으로 쓰든 상관없다는 거지.

이순신 장군은 걱정이 많아서 가슴이 답답해지면 이렇게 일기에 시를 쓰곤 했어. 근심스러운 기분을 표현하기에는 시가 딱 알맞다고 생각했나 봐. 너도 신나는 일이 있거나 매우 화가 나는 일이 있다면 "야! 정말 신난다!", "아, 정말 화난다."라고

일기에 쓰기보다는 그런 마음을 좀 더 잘 드러낼 수 있게 쓰고 싶어질 거야.

아니면, 래퍼가 됐다고 상상하며 그날의 일기를 랩 가사를 쓰듯 써 내려 갈 수도 있지. 뭐라고? 부끄럽다고? 뭐 어때? 일기에 랩을 쓰든, 동시를 쓰든, 연설문을 쓰든 상관없잖아. 누가 네 일기를 볼 것도 아닌데 말이야.

노래 가사처럼 쓰니까 글자들이 춤을 추는 것 같아!

하지만 막상 자유로운 형식으로 일기를 쓴다는 게 쉽지는 않지? 알겠어. 이번에도 내가 살짝 도와줄게. 네 기분에 따라 이 두 가지 방법을 한번 써 봐. 일기 쓰기가 꽤 재미있어질 거야.

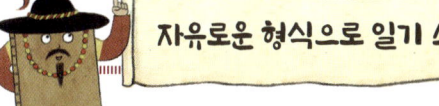

자유로운 형식으로 일기 쓰는 법

신나는 기분은 노래 가사로!

오늘 기분 좋은 일이 있었다고? 정말 신난다고? 좋아. '신남, 조금 신남, 매우 신남' 이 중에 네 기분은 어느 정도니? 만일 '매우 신남' 상태라면 오늘 일기에는 신나는 사건과 기분을 노래 가사로 써 보는 거야. 당연히 입으로도 흥얼흥얼 불러야지.

그 전에 잠깐! 주위에 지켜보는 사람은 있는지 꼭 살펴봐야 해. 만일 그 사람이 웃기라도 하면 넌 머릿속이 새하얘져서 일기에 쓸 내용마저 잊어버릴지도 모르니까.

슬픈 기분은 동시로!

혹시 오늘 기분 상태가 '우울, 조금 우울, 매우 우울' 상태라면, 일기에 동시를 쓰면 좋겠어. 우울한 사건을 떠올리고, 그 사건을 나타내는 낱말 몇 가지를 생각해 보는 거야. 그리고 우울한 기분을 어떻게 나타내면 좋을지도 곰곰 생각해 봐.

이제 준비된 낱말을 엮어서 우울함이 가득 담긴 동시를 써 봐. 동시 쓰기가 끝나면 이렇게 생각하게 될걸.

'어라! 어떻게 된 거지? 지금은 아까처럼 우울하지 않잖아?'

중요한 일 딱 한 가지만!

그런 날이 있지 않니? 하루 종일 여러 일이 정신없이 벌어졌던 날 말이야. 너무 많은 일이 있어서 막상 일기를 쓰려고 하면 무얼 써야 할지 감이 안 올 때가 있지.

여기 진우라는 친구도 하루 종일 너무 많은 일이 있었어. 늦잠을 자는 바람에 하루가 꼬여 버렸지. 그날따라 많은 사람을 만나기도 했고 말이야. 그럼 진우는 일기장에 어떤 이야기를 썼을까?

진우가 쓴 일기가 두 개 있는데 읽어 보고 어떤 일기가 더 마음에 드는지 골라 볼래?

날짜: 2022년 4월 20일 수요일   **날씨:** 흐리다가 갬

제목: 여러 가지 일이 많았던 날

오늘은 아침부터 늦잠을 잤다. 그래서 정신없이 세수를 하고 밥을 먹다가 사레가 들려서 입에서 밥풀이 튀어나왔다. 밥풀을 닦다가 물을 엎질렀다.
지각할까 봐 학교까지 달려갔다. 태식이도 만났다. 태식이랑 같이 뛰어갔더니 지각하지 않았다.
급식에 싫어하는 멸치볶음이 나왔지만, 눈 딱 감고 모두 먹었다.
선생님께서 내가 쓴 숙제를 보고 잘했다며 칭찬해 주셨다. 또 집에 올 때, 옆집 아주머니께 인사를 드렸더니 칭찬을 받았다. 기분이 좋았다.
저녁 먹기 전에 게임을 했는데, 너무 오래한다고 꾸중을 들었다. 하지만 저녁으로 치킨을 먹어서 기분이 좋았다.

날짜: 2022년 4월 20일 수요일   **날씨:** 흐리다가 갬

제목: 치킨 최고!

매일 저녁을 먹기 전에 게임을 조금씩 한다. 그렇게 하기로 부모님과 약속했다. 그런데 오늘은 게임이 너무 재밌어서 조금 길게 하다가 부모님께 들켰다. 왜 약속을 지키지 않느냐고 야단맞았다. 오늘 처음 길게 한 건데. 화가 나서 방에 들어가 있는데 엄마가 치킨 먹으라고 불렀다.
치킨이라고? 야호! 난 치킨이 세상에서 가장 좋다!
얼른 나가 보니 치킨이 나를 기다리고 있었다. 맨 먼저 닭다리를 한입 먹었다. 기분이 너무 좋았다. 꾸중 들어서 기분 나쁜 것도 다 잊었다. 역시 치킨이 최고다!

두 일기가 어떤 점이 다른지 눈치챘니? 첫 번째 일기는 그날 있었던 일을 생각나는 대로 전부 쓴 거고, 두 번째 일기는 딱 한 가지 사건만 쓴 거야. 첫 번째 일기는 여러 가지 사건을 쓰다 보니 사실 그대로를 나열했을 뿐이지만, 두 번째 일기는 한 가지 사건을 자세히 쓰다 보니 여러 감정과 생각이 얽혀 있지. 너는 어떤 일기가 더 재밌니?

그날 있었던 모든 일을 생각나는 대로 쓰는 게 일기 아니냐고? 모든 일을 기록하는 게 더 의미 있는 거 아니냐고? 그럼 또 이순신 장군의 일기 한 토막을 보여 줘야겠구나.

이순신 장군의 하루를 상상해 볼래? 부하들을 훈련시키고, 문서를 들고 온 사람들을 맞이하고, 임금께 보고서를 써서 올리고, 무기를 살피고, 배들을 수리하고, 백성들을 돌보느라 하루하루가 눈코 뜰 새 없이 바빴겠지? 그러면서 매일매일 얼마나 많은 일이 있었겠어?

그렇지만 이순신 장군은 일기를 쓸 때 종종 마음에 남는 한 가지 사건만 뽑아서 간단하게 기록했어. 여러 가지 일이 있어도 가장 기억하고 싶은 일은 하나니까. 바로 이런 식으로 말이지.

1593년(계사년) 5월 4일 맑음
오늘이 어머니 생신이었지만, 오래 사시기를 비는 술잔을 올리지 못하니 평생 한이 될 것 같다. (……)

 이순신 장군은 한밤중에 일기장을 책상 위에 올려놓고, 바쁜 하루를 돌아보며 가장 마음에 남는 일을 생각했을 거야. 그러다 어머니 생신에 찾아가 뵙지 못하는 슬픈 마음이 떠올랐을 거고, 그걸 일기에 담고 싶었겠지. 만일 이순신 장군이 그런 슬픈 감정과 함께 그날 있었던 일 전부를 일기에 줄줄이 썼다면 그 일기는 어떤 느낌이었을까?

 좋아, 이제 일기를 재미있게 쓸 수 있는 마지막 방법을 알려 줄 때가 된 것 같아. 그건 바로…… 그날 하루 동안 있었던 사건 중에 가장 기억에 남는 사건 딱 한 가지만 쓰는 거야. 왜 그 사건이 벌어졌는지, 그 사건으로 어떤 기분을 느꼈는지를 쓰다

보면 생각보다 재미있는 일기를 쓰게 될 거야. 정말이야! 믿기지 않는다면 지금 당장 일기장을 펴고 연필을 들어 봐. 내 말이 참말이라는 걸 금세 알게 될 테니까 말이야.

일기를 재미있게 쓰는 방법

가장 인상 깊은 한 가지 사건만 골라 보자.

하루가 별일 없이 흐른 날도 있겠지만 이런저런 일들이 한꺼번에 쏟아지는 날도 있어. 그런 날에 겪었던 모든 일을 쓴다면 아주 산만한 일기가 되거나 시간 계획표처럼 무엇무엇을 했다는 이야기밖에 쓸 수 없을 거야. 일기를 쓸 때는 무슨 일이 있었다는 걸 알리기보다는 너의 생각을 넣는 게 더 중요해. 오늘 하루 겪었던 일 중에서 너에게 가장 인상 깊고 너의 생각을 좀 더 풍부하게 쓸 수 있는 사건 하나만 골라 보자. 그럼 너의 생각도 점점 더 깊어질 거야.

일기, 일곱 가지 도전

휴, 나만 알고 있던 비법을 모두 꺼내느라 정말 힘들었어. 너도 이제 일기 쓸 준비가 되었니? 이제 본격적으로 일기를 써 볼까?
나와 함께 매우 보잘것없어 보이는 일을 깜짝 놀랄 정도로 재미있는 일기로 만들어 보자. 연필 꼭 쥐고 따라와!

일기의 시작은
내가 좋아하는 걸 떠올리는 거야

이제 네가 일기를 쓴다고 생각하니 두근두근 떨려. 그런데 뭘 써야 할지 잘 모르겠다고?

네 곁에 내가 있는 걸 잊은 건 아니지? 아무 걱정 하지 마.

가장 먼저 쓸 일기의 제목은 내가 정해 줄게. 바로 '내가 좋아하는 것 세 가지'야. 좋아하는 음식도 괜찮고, 사람도 괜찮아. 물건도 상관없어.

방법은 매우 간단해. 먼저 눈을 감고 좋아하는 것 세 가지를 떠올려 봐. 그리고 왜 좋아하는지 이유도 생각해 보는 거야.

이제 연필을 쥐고 쓰기 시작해. 어때? 어렵지 않게 일기를 쓸 수 있을 것 같지?

날짜:	년 월 일 요일
날씨:	
제목: 내가 좋아하는 것 세 가지	

내가 싫어하는 것도
한번 써 봐야지

일기의 첫 장을 써 보니 어때? 자신감이 좀 생기니? 일기에 무엇을 쓸지 떠올리는 게 아직 어렵다고?

좋아, 그럼 오늘 일기에는 네가 싫어하는 것 세 가지를 써 보자. 어쩌면 좋아하는 것 세 가지를 떠올리는 것보다 더 쉬울지도 몰라. 네가 싫어하는 음식, 싫어하는 사람, 싫어하는 옷처럼 무엇이든 일기에 써도 좋아.

잊지 마. 싫어하는 것을 쓰면서 왜 싫어하는지 이유도 함께 써야 한다는 걸 말이야.

아차차! 깜빡 잊을 뻔했는데, 네가 그림 그리기를 좋아한다면 화가 난 네 얼굴을 일기장에 그려 보는 것도 재미있을 거야.

날짜:	년 월 일 요일
날씨:	
제목: 내가 싫어하는 것 세 가지	

일기에 내 기분을 써 보자

이제 일기를 어떻게 쓰면 좋을지 감이 좀 잡히니? 난 네가 일기를 쓱쓱 잘 써서 깜짝 놀랐어.

좋아! 그렇다면 오늘은 일기에 네 기분을 한번 써 보는 거야.

연필을 손에 쥐어 봐. 내가 하나, 둘, 셋 하고 말하면 눈을 감고 지금 네 기분이 어떤지 들여다봐. 기분이 좋은지, 나쁜지, 슬픈지, 화가 났는지 느껴 보는 거야. 네 기분이 느껴지면 눈을 뜨면 돼.

자, 이제 시작한다! 하나, 둘, 셋!

이제 일기장에 지금 네 기분에 맞는 제목을 써 봐. 그리고 네 기분이 어떤지, 왜 그런 기분이 드는지 일기에 쓰는 거야.

| 날짜: | 년 | 월 | 일 | 요일 |

| 날씨: |

| 제목: |

친구 얼굴 떠올리면 쓸 거리가 생기지

오늘 학교생활은 어땠니? 응? 뭐라고? 매일매일 비슷해서 할 말이 없다고? 하하하, 맞아. 학교생활이라고 해서 늘 놀랄 만큼 새로운 일이 생기지는 않을 거야.

그런데 친구 얼굴을 떠올리면 생각보다 하고 싶은 이야기가 많아져. 이건 거짓말이 아니야.

오늘 너랑 가장 이야기를 많이 한 친구는 누구니? 얼굴만 봐도 웃음이 나던 친구는? 자꾸 너를 놀려서 꼴도 보기 싫은 친구나 네가 자꾸 놀리고 싶은 친구가 있었니? 생각만 해도 귀를 막고 싶을 정도로 큰 소리로 떠들었던 친구는 없었니?

자, 이제 그중에 가장 마음에 드는 친구 한 명을 정해 봐. 이제 그 친구와 오늘 하루 무슨 일이 있었는지 쓰는 거야.

날짜:	년 월 일 요일
날씨:	
제목:	

집에서 새로운 일을 한 가지 하자

비바람이 불고 날씨가 너무 궂어서 도무지 밖에 나갈 수가 없다면, 일기에는 뭘 쓸 수 있을까? 그럴 때는 집에서 지금까지 해 보지 않았던 새로운 일 한 가지를 하는 거야.

내가 생각하는 새로운 일을 알려 줄 테니 한번 들어 봐.

- ☐ 책상 아래 들어가 동굴 탐험 놀이를 한다.
- ☐ 집 안에 모든 달력마다 내 생일 날짜를 표시한다.
- ☐ 창틀에 낀 먼지가 있나 없나 슬쩍 살펴본다.
- ☐ 내가 아직 쓰지 않은 새 연필이 몇 자루나 있는지 세어 본다.
- ☐ 설마 그럴 리 없겠지만 친구에게 빌리고 깜빡 잊은 책이 있는지 살펴본다.

혹시 새로운 일이 또 있니? 그럼 어서 해 봐! 그리고 일기장에 적는 거야. 무엇을 발견했고, 기분이 어땠는지!

날짜:	년　　월　　일　　요일
날씨:	
제목:	

몰랐어?
동시도 일기가 될 수 있어

오늘 쓸 일기는 바로 동시야. 오늘 있었던 일, 느낀 점을 동시로 쓰면 별것 아닌 일도 재미있게 느껴지지.

윤수는 오늘 친구와 좋아하는 도넛을 간식으로 먹었는데, 기분이 매우 좋아서 이렇게 동시로 일기를 썼대. 이제 네 차례야. 제목부터 정하고 너만의 동시 일기를 써 보자.

날짜: 2021년 12월 28일 화요일	날씨: 흐리다가 갬

제목: 도넛 도넛 내 사랑 도넛

동그란 접시 위에	도넛 한 입 먹고
동그란 도넛 한 개	우유 한 모금
내가 세상에서 가장 좋아하는 건	도넛 두 입 먹고
동그란 구멍 뚫린	우유 두 모금
동그란 도넛	

날짜:	년 월 일 요일
날씨:	
제목:	

꼭 글로 써야 해?
만화도 일기가 된다고!

혹시 만화 좋아하니? 좋아한다고? 휴, 다행이다. 그럼 그림 그리기도 좋아하니? 흠, 그건 잘 모르겠다고?

좋아, 이번에는 만화로 일기를 쓰는 거야.

잠깐! 잠깐! 지금 이 책을 덮으려는 그 손을 잠깐 멈춰 줘!

만화를 너무 어렵게 생각할 필요 없어. 가장 재미있던 사건을 그림으로 그리고 말풍선으로 네가 하고 싶은 말을 쓰면 되니까. 만화로 일기를 쓰면 글로 쓰는 것과 다른 재미를 찾게 돼. 매우 작은 일도 재미있는 사건처럼 느껴지지.

희진이가 그린 일기를 보고 너도 한번 용기를 내 봐!

날짜: 2021년 12월 15일 수요일

날씨: 맑음

제목: 엄마를 닮았어

날짜:	년　　월　　일　　요일
날씨:	
제목: